急成長のメカニズム
―新規開業企業に学ぶ―

日本政策金融公庫総合研究所 編

刊行に当たって

　日本政策金融公庫では、長年にわたり新規開業企業向けの融資を積極的に行ってきた。総合研究所でも、アンケートや経営者へのヒアリングなどによって、新規開業企業の研究を継続的に実施している。そうした新規開業企業の開業後の従業者規模をみてみると、規模が小さいままで存続する企業がある一方、少ないながらも、短い期間で急成長を遂げる企業が観察される。

　では、急成長する新規開業企業には、ほかとは異なる何らかの特徴があるのだろうか。そうした企業の経営者は、どのような考え方のもとに、どのような経営を行っているのだろうか。また、何が、急成長を可能にしているのだろうか。本書は、こうした問題意識のもとに進めた一連の調査研究を、以下の構成でとりまとめたものである。

　第１章は、「新規開業企業の成長パターンとその特徴」と題した。当研究所が実施した、2011年に開業した企業の状況を2015年まで追跡している「新規開業パネル調査（第３コーホート）」の個票データの再分析である。開業時から約５年後の2015年末にかけての従業者数の変化をもとに、新規開業企業を五つの成長パターンに分け、特に急成長企業にどのような特徴があるのかを中心に分析した。急成長企業は、2011年の開業後に規模を拡大し、2015年末時点で従業者数が30人以上になった企業と定義した。

　第２章は、2018年６月から2019年２月にかけて実施した経営者へのヒアリングをもとにしたケーススタディを収録している。開業

前の経営者の経験から、開業時の企業の状況、開業から現在までの成長の過程について、データだけでは十分に把握できない急成長する新規開業企業の実態を、詳細に記述した。特に、各企業が成長の過程でどのような課題を抱え、それをどう克服して急成長を果たしたのかを明らかにすることを心がけた。また、章末には、ヒアリングから明らかになった急成長を果たした新規開業企業の取り組みについて、特徴や共通点を簡単にとりまとめた。なお、急成長する新規開業企業の時系列変化をよりダイナミックに把握するため、第2章では、第1章の定義よりも大きく成長している企業をケーススタディの対象とした。具体的には、開業後10年以内に従業者数が50人以上になった企業を目安としている。また、できるだけ業種の異なる企業10社を全国から選んだ。

　第3章は、2018年11月28日に当研究所が東京で開催した、第10回記念日本公庫シンポジウム「新規開業企業の成長メカニズム～日本公庫がみてきた急成長企業の軌跡～」から第3部パネルディスカッション「企業の成長メカニズム」の内容を収録したものである。パネリストとしてご登壇いただいたお三方は、2000年以降に開業して公庫融資を受け、その後上場を果たした企業の経営者である。第2章で紹介した企業の次のステップに成長した新規開業企業といえるだろう。

　なお、本書の執筆は、当研究所研究主幹の深沼光、同研究員の山崎敦史、同客員研究員（現・九州大学大学院工学研究院学術研究員）の田中義孝が担当した。編集については、株式会社同友館の神田正哉氏をはじめ編集部の皆様に丁寧に進めていただいた。

　本書が、急成長を果たした新規開業企業の特徴を明らかにするこ

とで、成長を目指す企業経営者の方々や、そうした企業を支援する方々の参考になれば幸いである。

　末筆ながら、ご多忙のなか快くヒアリングに応じていただいた各企業の経営者の方々、そしてシンポジウムにご登壇いただいたパネリストの皆様に、改めて御礼申し上げる次第である。

2019年6月

　　　　　　　　　　　　　　　　　　　日本政策金融公庫総合研究所
　　　　　　　　　　　　　　　　　　　　所長　武士俣 友生

目　次

|第1章|　新規開業企業の成長パターンとその特徴 ……… 1

 1 問題意識と成長パターンの定義 ……………………………… 3
 2 成長パターンと経営者の属性 ………………………………… 11
 3 成長パターンと企業の属性 …………………………………… 18
 4 成長パターンと経営パフォーマンス ………………………… 23
 5 経営課題と金融機関借入 ……………………………………… 28
 6 経営課題の解決方法 …………………………………………… 33
 7 まとめ …………………………………………………………… 41

|第2章|　ケーススタディ ……………………………… 45

 事例1 医療法人社団 一心会 ………………………………………… 47
    100年続く歯科医院を目指して

 事例2 社会福祉法人 すくすくどろんこの会 …………………… 59
    未経験者がつくりあげた多園展開の保育園

 事例3 合同会社 沖正 ………………………………………………… 71
    新鮮な魚と丁寧な仕込みが自慢

 事例4 株式会社 エマリコくにたち ……………………………… 83
    地元農家とのつながりを生かし多店舗化多角化

 事例5 株式会社 サブリメイション ……………………………… 95
    最先端の技術でアニメーション業界に新しい風を

 事例6 アーツアンドクラフツ 株式会社 ……………………… 107
    世界で一つだけのブライダルリングをつくる

 事例7 ホープインターナショナルワークス 株式会社 ……… 121
    積み重ねた技術力で成長を続ける

事例8　株式会社 Ｌａｄｙ ……………………………………… 133
　　　　障がいのある子どもと親のよりどころに

事例9　株式会社 まことサービス ……………………………… 147
　　　　品質を重視した食品輸送のプロフェッショナル

事例10　株式会社 西松フーズ …………………………………… 159
　　　　ニーズに素早く対応して製品力を高める

まとめ　―ケーススタディを振り返る― ……………………… 171
　　　（1）ヒアリングの要領 ……………………………………… 171
　　　（2）マーケティングの4Pにみる差別化戦略 …………… 172
　　　（3）差別化を実現する要素 ……………………………… 175
　　　（4）共通するチャレンジ精神と熱意 …………………… 179

|第3章|　企業の成長メカニズム
　　　　　〜日本公庫シンポジウムパネルディスカッションより〜 … 181

1　上場を果たした急成長企業 ……………………………… 183
2　新市場の発見から成長へ ………………………………… 185
3　成長していくための人材確保 …………………………… 189
4　経営上の課題と今後の事業展開 ………………………… 193
5　急成長のポイント ………………………………………… 196

【参考資料】各社の概要 ……………………………………… 199
　　株式会社 アルファポリス ……………………………… 200
　　株式会社 ブレインパッド ……………………………… 201
　　株式会社 バリューデザイン …………………………… 202

第1章

新規開業企業の成長パターンとその特徴

日本政策金融公庫総合研究所
研究主幹　深沼　光

1　問題意識と成長パターンの定義

　毎年数多くの新規開業企業が誕生している。中小企業庁（2018）によれば、2012年から2014年にかけて年平均18万429件の企業が開業した[1]。そのなかには、数はそれほど多くないものの、短い期間で大きく成長する企業もある。一方、規模が小さいままで存続している企業も多い。企業ごとに成長の軌跡はさまざまであろう。それでは、どのような成長パターンがあり、どのような構成比になっているのか。成長パターンによって、経営者や企業の属性、経営課題や外部からの支援に違いはあるのか。

　第1章では、このような問題意識のもとに、日本政策金融公庫総合研究所が実施した「新規開業パネル調査（第3コーホート）」のデータを用いて、特に急成長企業にスポットを当てて分析をすすめていく。同調査の実施要領は、表－1に示した。調査対象は、日本政策金融公庫国民生活事業の融資を受けて2011年に開業した企業で、2015年まで5年間にわたり、その状況を毎年追跡している。その間、さまざまなデータを連続的に取得しており、新規開業企業の時系列での変化の様子を観察できるのが特徴である。

　企業の成長の尺度としては、雇用に与える効果を第一に考え、従業員に経営者本人を含めた従業者数を採用した。「新規開業パネル調査」では売上高の推移も尋ねているが、事業内容によって売上高利益率の傾向が変わることから、売上高の大きさを業種の異なる企業間で単純に比較することは難しい。そのため、分析では売上高は

1　総務省「経済センサス」をもとにした計算結果。個人企業と会社企業の合計。

表－1　新規開業パネル調査（第3コーホート）の実施要領

(1) 調査対象	日本政策金融公庫国民生活事業の融資を受けて2011年に開業したと想定される企業9,287社に第1回アンケートを実施し、回答のあった企業のうち2011年に開業したことが確認された企業3,046件（不動産賃貸業を除く）を継続調査先とした。
(2) 調査方法	2011年以降、毎年12月末を調査時点とし、翌年2月にアンケートを実施。発送と回収は郵送によった。2015年12月末時点まで5回のアンケートを実施した。

(3) 回答数

	調査時点	回答数
第1回調査	2011年12月末	3,046件
第2回調査	2012年12月末	1,787件
第3回調査	2013年12月末	1,472件
第4回調査	2014年12月末	1,380件
第5回調査	2015年12月末	1,413件

（注）廃業企業は回答数から除く。

(4) 廃業の認定
　　本調査においては、以下の企業を廃業と認定した。
　　①事業の継続を尋ねたアンケート設問に、「現在事業を行っていない」と回答した企業
　　②現地調査等によって事業を行っていないことを確認した企業
　　③日本政策金融公庫の支店が事業を行っていないことを確認した企業

資料：筆者作成

採用しなかった。

　また、経済全体への効果を考える場合には、利益額や付加価値額を指標とするのが望ましいかもしれない。ただ、アンケートでこれら数値を尋ねるのは容易ではなく、仮に質問に加えた場合には回答率が大きく低下する懸念がある。そのため、「新規開業パネル調査」でも、採算状況は「黒字基調」「赤字基調」の二者択一で尋ねている。これについても、後段で従業者数の成長との関係を示すことにする。

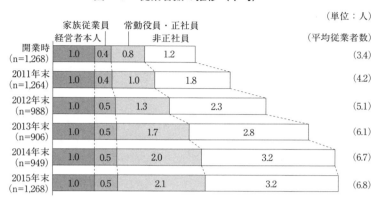

図−1 従業者数の推移(平均)

資料:日本政策金融公庫総合研究所「新規開業パネル調査(第3コーホート)」(以下、断りのない限り同じ)
(注)1 経営者が、2011年末時点で開業する直前の勤務先で「現在も働いている」と回答した企業は集計から除外。「開業時」と「2015年末」の従業者数を両方とも回答した企業を集計。以下同じ。
   2 「非正社員」は「パート・アルバイト・契約社員」「派遣社員」の合計。
   3 日本政策金融公庫総合研究所編集、深沼光・藤田一郎著『躍動する新規開業企業―パネルデータでみる時系列変化―』勁草書房(2018年7月)掲載の類似する図表とデータの傾向は同じであるが、集計対象が異なるため数値がやや異なる。以下同じ。

なお、本章では、以下の分析も含め、開業時と2015年末の従業者数を両方とも回答した企業に分析対象を絞った。経営者が、2011年末時点で、開業する直前の勤務先で「現在も働いている」と回答した企業も、サラリーマンの副業やほかの企業を経営している人の別会社の可能性が高いことから、集計から除外した。

最初に、従業者数の変化の全体像を確認していこう。分析対象の開業時の平均従業者数は3.4人であった(図−1)。内訳は「経営者本人」が1.0人、「家族従業員」が0.4人、「常勤役員・正社員」が0.8人、「非正社員」が1.2人である。これが、2011年末には全体で4.2人、2012年末には5.1人と、時間が経過するとともに徐々に増

加し、2015年末には6.8人と、開業時の2倍になっている[2]。内訳をみると、「経営者本人」は定義から1.0人で変わらず、「家族従業員」が0.5人とやや増加した。一方、「常勤役員・正社員」は2.1人、「非正社員」は3.2人と、大きく伸びている。

　次に、従業者数カテゴリー別にみてみよう。ここでは、経営者のみ、または経営者と家族従業員のみで稼働しており、家族以外に従業員を雇用していない企業を「自己雇用」と分類してカテゴリー分けした。

　まず、開業時の状況をみると、「自己雇用」が46.7％と半数近くを占めている（図－2）。自己雇用以外では、「2～4人」が32.1％、「5～9人」が16.6％などとなっており、「30人以上」は0.4％にすぎない。

　開業から時間が経過するにつれて、従業者数カテゴリーも規模の大きいほうにシフトしていく。「自己雇用」の割合は、2011年末には41.1％、2012年末には、38.8％と低下し、2015年末には36.5％となった。ただ、それでもこの極めて小規模なカテゴリーは全体の約3分の1を占めている。

　自己雇用以外の2015年末の割合をみると、「2～4人」は24.8％と開業時と比べて低下している。一方、「5～9人」は21.1％、「10～19人」は11.4％、「20～29人」は2.7％と、それぞれ大きく割合を高めている。「30人以上」に成長した企業も3.5％と、当初の約10倍になった。ただ、そのような企業は、全体からみれば非常に少ないといえる。図には示していないが、「50人以上」に達した企業の

---

[2] 2011年末から2014年末については、データがない企業があるため、その間の数値は必ずしも同じ企業を追ったものではないことに注意する必要がある。以下同じ。

図－2　従業者数の推移（カテゴリー別）

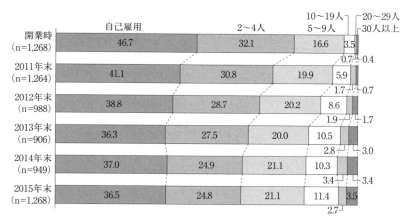

（注）「50人以上」の割合は、「開業時」が0.1％、「2011年末」が0.2％、「2012年末」が0.4％、「2013年末」が1.1％、「2014年末」が1.1％、「2015年末」が1.4％であった。

割合は1.4％と、さらに低くなる。

　では、それぞれの企業の従業者数はどう変化しているのだろうか。開業時と2015年末の従業者数を比較すると、51.4％の企業で従業者数が「増加」している（図－3）。一方、「不変」だった企業も36.3％を占めており、「減少」した企業も12.3％存在する。

　これを、2015年末の従業者数カテゴリー別にみると、「自己雇用」では「不変」が74.1％を占めており、「増加」は11.9％にとどまる。これが「2～4人」では「不変」が26.3％、「増加」57.8％となっており、比較的規模が小さくても、開業時と比べれば雇用を拡大している企業が少なくないことがみてとれる。「増加」の割合は、「5～9人」では80.1％。「10～19人」では86.8％と規模が大きくなるにつれて高まり、「20～29人」では97.1％、「30人以上」では

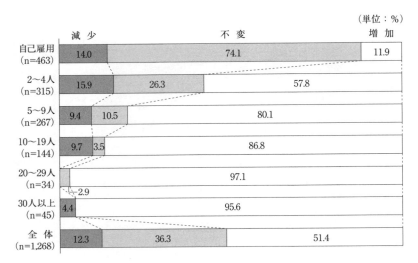

図-3 従業者数の増減

(注) 従業者数カテゴリーは「2015年末」のもの。増減は「開業時」と「2015年末」の比較。

95.6％と、ほとんどの企業で開業時よりも従業者数を増やしていることがわかる。一方、「減少」した企業は、「自己雇用」で14.0％、「2～4人」で15.9％と、規模の小さいカテゴリーで全体よりも高い割合となった。

このように、従業者規模を基準にみてみると、新規開業企業の成長経路は一様ではないことがわかる。半数を超える企業が規模を拡大しているものの、従業者数が30人以上になるような急成長企業はごく一部である。一方、規模を拡大していない、あるいは縮小している企業も少なからず存在する。

このほか、2015年末のデータが得られないためここでの分析対象には含まれておらず、単純に数字を比較することはできないが、調査対象である2011年に開業して2011年末に存在していた企業の

表−2　成長パターンの定義

		従業者数増減　（開業時⇒2015年末）		
		減　少	不　変	増　加
従業者数 （2015年末）	自己雇用	②縮小企業 156　（12.3）	①自己雇用企業　398　（31.4）	
	2〜29人		③現状維持企業 117　（9.2）	④成長企業 554　（43.7）
	30人以上			⑤急成長企業 43　（3.4）

（注）数字は件数（全体は n ＝1,268）。（　）内は全体に占める割合（％）。

うち、10.2％が2015年末までに廃業している。個別企業の毎年の動きをみていくと、従業者数はさらに複雑な動きを示すことになる。

　ここでは、このような成長の違いを分析するために、2015年末時点の従業者数と、開業時からそれまでの従業者数の増減によって、新規開業企業を五つの成長パターンに分けた（表−2）。

　第1のカテゴリーは「①自己雇用企業」である。定義は、2015年末時点で自己雇用に分類される企業のうち、従業者数が「不変」または「増加」した企業で、全体の31.4％を占める。第2のカテゴリーは、従業者数が減少した「②縮小企業」で、全体の12.3％存在する。続いて、従業者数が「不変」である企業のうち、自己雇用ではない企業を「③現状維持企業」とした。全体に占める割合は9.2％である。最後に、従業者数が「増加」した自己雇用ではない企業のうち、従業者数が2人以上29人以下の企業を「④成長企業」、30人以上の企業を「⑤急成長企業」とした。「④成長企業」の割合は43.7％で、多くの新規開業企業が順調に成長していることがみてとれる。ただ、「⑤急成長企業」は全体の3.4％と、あまり多くはないようだ。

表－3　成長パターンと従業者数

		①自己雇用企業	②縮小企業	③現状維持企業	④成長企業	⑤急成長企業	全体
平均従業者数（人）	開業時	1.3	6.1	4.2	3.4	10.2	3.4
	2015年末	1.5	4.2	4.2	8.0	57.4	6.8
従業者数に占める割合(%)	開業時	12.0	22.0	11.4	44.3	10.2	100.0
	2015年末	6.7	7.6	5.7	51.3	28.7	100.0
従業者数増加への寄与度(%)		1.4	-6.8	0.0	58.2	47.1	100.0

(注) n は表－2に同じ。

　以下、本章では、この五つの成長パターンごとの新規開業企業の特徴を分析する。その際、特に開業後短期間で一定規模まで成長した「⑤急成長企業」に注目し、何がそうした企業の成長をもたらしたのかを考える。

　まず、開業時と2015年末の従業者数を確認してみよう。平均でみると、「①自己雇用企業」は開業時が1.3人、2015年末は1.5人であった（表－3）。「②縮小企業」は6.1人から4.2人へと減少している。「③現状維持企業」は、定義から、いずれも4.2人で不変である。「④成長企業」は3.4人から8.0人、「⑤急成長企業」は10.2人から57.4人となった。「⑤急成長企業」は、開業時から相対的に従業者規模が大きい傾向にあることがわかる。

　次に、全体の従業者数に占める各カテゴリーの従業者数の割合をみると、「①自己雇用企業」は開業時が12.0％、2015年末では6.7％であった。平均従業者数はわずかながら増加しているものの、全体の従業者数が大きく増えているため、割合は約半分ほどに低下している。「②縮小企業」の割合は22.0％から7.6％へと、大きく低下している。「③現状維持企業」も同様に、11.4％から5.7％へと低

下した。一方、件数ベースで全体の4割を超えている「④成長企業」は、従業者数全体に占める割合も、44.3％から51.3％へと高まっている。最後に、「⑤急成長企業」をみると、開業時で10.2％あったものが、2015年末には28.7％と大きく伸びている。従業者数増加への寄与度をみても、「④成長企業」が58.2％、「⑤急成長企業」が47.1％となっている。この二つのカテゴリーのウエートが高いのは、定義から当然ではあるものの、数のうえでは全体の3.4％にすぎない「⑤急成長企業」が、雇用創出に重要な役割を果たしていることがわかる。

2　成長パターンと経営者の属性

　成長パターンごとに、経営者の属性には違いはあるのだろうか。まず、開業時の平均年齢をみると、「①自己雇用企業」が41.7歳、「②縮小企業」が44.6歳、「③現状維持企業」が42.4歳、「④成長企業」が40.8歳、「⑤急成長企業」が43.6歳で、大きな違いはみられなかった。

　性別をみると、女性経営者の割合は、「①自己雇用企業」では22.9％と少し高くなっている。ただ、ほかのカテゴリーとの差はそれほど大きいものではない。「②縮小企業」は17.9％、「③現状維持企業」は13.7％、「④成長企業」は14.1％、「⑤急成長企業」は14.0％であった。

　次に、開業前の仕事との関係をみてみよう。斯業経験（開業した事業に関連する仕事の経験）は、すべてのカテゴリーで9割前後が「経験あり」と回答している（図－4）。「①自己雇用企業」で87.0％、

「②縮小企業」で87.6％と、ほかより若干低いものの、大きな違いはみられない。

　一方、管理職経験は明確な違いがみられた。「経験あり」の割合は、「①自己雇用企業」では35.8％とほかよりも低くなっているのに対し、「⑤急成長企業」では73.2％と際立って高い（図－5）。「④成長企業」でも51.3％と半数を超えている。これは管理職としての経験が企業の成長に寄与していることを示唆しているといえよう。ただ、「②縮小企業」の割合も54.6％で、「④成長企業」よりもやや高い水準となった。経験の詳細は尋ねていないため明確にはいえないものの、たんに管理職経験があればよいというわけでもなさそうだ。

　最後に、学歴による違いを確認してみる。経営者の最終学歴が「大学・大学院」である企業の割合は、「①自己雇用企業」が27.4％、「②縮小企業」が31.4％、「③現状維持企業」が31.0％であるのに対し、「④成長企業」が41.3％、「⑤急成長企業」が37.2％で、成長している企業群でやや高くなった[3]。ただ、「⑤急成長企業」の経営者の最終学歴が「中学・高校」である割合は34.9％で、ほかのカテゴリーよりもやや高い傾向にあることから、経営者の学歴が企業の成長に及ぼす効果は明確ではないと考えられる[4]。

　このように、経営者個人の属性と成長パターンの間には、管理職経験以外では、それほど強い関係性はなさそうである。

3　「大学・大学院」は「大学」「大学院」の合計。
4　「中学・高校」（「中学」「高校」「その他」の合計）の割合は、「①自己雇用企業」が32.2％、「②縮小企業」が35.9％、「③現状維持企業」が31.0％、「④成長企業」が26.0％であった。また、「短大等」（「高専」「専修・各種学校」「短大」の合計）の割合は、「①自己雇用企業」が40.4％、「②縮小企業」が32.7％、「③現状維持企業」が37.9％、「④成長企業」が32.6％、「⑤急成長企業」が27.9％であった。

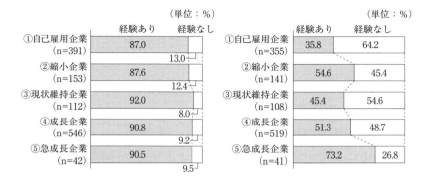

　なお、変数間の相関の影響を排除するため、二項ロジスティック回帰分析により、「⑤急成長企業」になる可能性を、経営者の属性に業種を加えて推定したところ、おおむねクロス集計の結果と一致した。具体的には、「⑤急成長企業」になる可能性は、管理職経験があることで有意に上昇するものの、性別、年齢、斯業経験、最終学歴は影響を与えるとはいえなかった[5]。

　ここで、日本における主な先行研究の結果と比較してみよう。

　岡室・加藤（2013）は、2007年1月から2008年8月に設立され

5　推定結果は以下の参考表のとおり。

参考表　ロジスティック回帰の分析結果（n=1,153）

説明変数	β	EXP（β）
管理職ダミー（管理職経験あり＝1）	1.215***	3.370***
斯業ダミー（斯業経験あり＝1）	0.016	1.016
性別ダミー（男性＝1）	−0.112	0.894
年齢（自然対数）	−0.661	0.517
最終学歴（大学・大学院＝1）	−0.251	0.778
対数尤度	324.569	
Cox-Snell R^2	0.025	

（注）1　被説明変数は、「⑤急成長企業」＝1、それ以外を0とした。
　　　2　説明変数は、表に明示したもの以外に業種ダミーを投入。結果の記載を省略したが、ほとんどの業種で有意な結果は得られなかった。
　　　3　*** は1％水準で有意であることを示す。

た製造業とソフトウェア業を対象に、2008年11月から2011年11月までアンケートを実施して構築したパネルデータをもとに、経営者や企業の属性が雇用の成長に与える影響を議論している。性別では、男性であると有意に従業員数成長率が高いという結果が得られてはいるものの、斯業経験や年齢は有意に影響を与えていないという本章と同じ結論が導かれている。

一方、安田（2004）は、中小企業庁が2001年に実施した「創業環境に関する実態調査」をもとに、経営者属性や開業動機が従業員数成長率に与える影響を検討している。従業員数の成長率は、年齢が有意にマイナスの影響を与えている点は本章の結果とやや異なるものの、性別、斯業経験は影響しないという点では本章と整合的である。また、学歴も成長率に影響しないという結果も得ている。

村上（2011）は日本政策金融公庫総合研究所「2010年度新規開業実態調査（特別調査）」を用いて、経営者の属性が目標月商達成率に与える影響を分析した。本分析とは被説明変数が異なるためか、開業時の年齢と斯業経験が月商達成率に対し有意にプラスの影響を与えているという結果になった。ただし、性別は企業のパフォーマンスに影響を与えず、管理職経験は有意にプラスの影響を与えているという点では、本章と整合的である。

鈴木（2012）は、日本政策金融公庫総合研究所「新規開業パネル調査（第2コーホート）」のデータを用いて、雇用を大きく伸ばしている新規開業企業をガゼル企業と定義して分析した[6]。このパネ

6　2006年の開業時点から2010年末までに従業者数が増加した企業の累積従業者数のうち、半数をカバーしている企業をガゼル企業と定義している。集計対象企業の4.6％、2010年末の平均従業者数は28.3人であり、本章の「急成長企業」より従業者数の少ない企業も含まれている。

ル調査は、本章で分析したパネル調査の5年前に行われたもので、サンプルの抽出方法もほぼ同じであることから、データの傾向もよく似ている。ガゼル企業になる確率についての分析では、年齢と性別については有意ではないこと、一部の推定ではあるが開業時の従業者数はプラスに有意であったことは、本章で確認したデータの傾向と整合的である。斯業経験と教育水準もおおむね有意にならなかった[7]。

このように、本章の分析結果は、先行研究の結果と大きくは矛盾していないことが確認できた。

ここで、視点を変えて、経営者の性格と成長パターンの関係について、心理学の研究で使われている性格特性尺度を用いてみてみたい。これは、人の行動様式にも関係する「外向性」「協調性」「勤勉性」「神経症傾向」「開放性」の五つの性格に関する特性について、関連する質問に回答してもらい、それを指標化したものである。それぞれの特性に対応する二つずつの質問に7段階で回答を得ており、それを合計することで2点から14点のスコアが計算される。

このデータは当研究所が2018年7月に行った「2018年度新規開業実態調査(特別調査)」から得たものである。サンプルは開業後平均17.1カ月経過した企業で、ここでは現在の従業者数と5年後に目標とする従業者数をもとに、成長パターンを設定した。従って、実現されたものではなく、あくまで目標であることに注意する必要があるものの、カテゴリーごとの性格や行動様式をある程度類推することができると考えた。

図－6は、成長パターンごとの平均点を示したものである。参考

---

7 斯業経験は年数のデータを使っており、本章とは異なる。

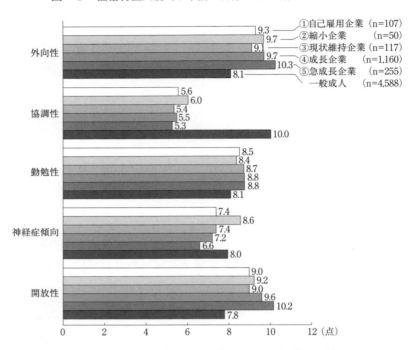

図−6　性格特性尺度（5年後に目標とする成長パターン別）

資料：日本政策金融公庫総合研究所「2018年度新規開業実態調査（特別調査）」
（注）1　「現在の従業者数」と「5年後の目標従業者数」をともに回答した企業を集計。ただし、開業する直前の勤務先から現在も「退職していない」場合と、開業する直前の職業が「自営業主」で「事業を経営したことがあり、現在もその事業を続けている」場合は除外。
　　　2　成長パターンは「現在の従業者数」と「5年後の目標従業者数」をもとに分類。
　　　3　性格特性尺度は、小塩真司・阿部晋吾・カトローニ，ピノ（2012）「日本語版 Ten Item PersonalityInventory（TIPI-J）」日本パーソナリティ心理学会『パーソナリティ研究』第21巻第1号に基づく。各特性について、それぞれ1〜7のスコアを付与する質問が二つずつあり、合わせると最低2、最高14の点数が割り当てられる。
　　　4　一般成人は川本哲也・小塩真司・阿部晋吾・坪田祐基・平島太郎・伊藤大幸・谷伊織（2015）「ビッグ・ファイブ・パーソナリティ特性の年齢差と性差：大規模横断調査による検討」日本発達心理学会『発達心理学研究』第26巻第2号より引用。23歳から79歳までの男女4,588人が調査対象。

値として、既存研究の一般成人平均の値も付記した。まず気がつくのは、「⑤急成長企業」を目指す経営者は、「外向性」が10.3点、

「開放性」が10.2点と、ほかに比べても特に高いことだ。「④成長企業」のそれぞれのスコアも、それに続いている。これは外部とのつながりを重視することが成長の鍵となる可能性を示唆していると言えよう。

　一方、「神経症傾向」は「⑤急成長企業」が6.6点で最も低く、「②縮小企業」が8.6点と高くなった。言い換えれば、経営者が楽観的なほうが企業の成長につながるということになる。ただ、成長パターンが目標値をもとにしているため、楽観的な人のほうが目標を高く掲げていることが表れているのかもしれない。「協調性」と「勤勉性」については、カテゴリーによる大きな違いはみられなかった。

　次に、経営者と一般成人を比較すると、興味深い結果がみられる。「外向性」と「開放性」は、どの成長パターンをみても、経営者のほうが一般成人よりもかなり高いスコアを示している。「勤勉性」もやや高い。一方、「神経症傾向」はおおむね低い傾向にあり、「協調性」は極めて低いスコアとなった。

　これは、経営者となることを選んだ人は、そうでない人に比べると、外部とのかかわりに積極的で仕事にも勤勉であること、楽観的な性格をもつ傾向が強いということを示していると考えられる。「協調性」が低いということは欠点のようにもみえるが、ポジティブに考えれば、他人の言葉に惑わされず、自分の信念に基づいて行動していると解釈することもできよう[8]。

8　前述の鈴木（2012）のガゼル企業になる確率についての分析では、マネジメント能力の自認と拡大意欲がプラスに作用することを示している。直感的には、本章の分析結果と整合しているようにみえる。

3　成長パターンと企業の属性

　ここまでは、成長パターンと経営者の属性の関係をみてきた。続いて、企業の属性との関係について、最初に開業時の業種から確認していく。

　まず「①自己雇用企業」は、個人タクシーや軽貨物運送が含まれる「運輸業」で61.1％と最も割合が高くなった（図－7）。「不動産業」の57.5％、「個人向けサービス業」の48.1％がこれに続いている。「②縮小企業」と「③現状維持企業」の割合がともに最も高いのは「飲食店・宿泊業」で、それぞれ23.6％、14.2％を占めている。「飲食店・宿泊業」は、2011年開業企業の2015年末時点の廃業率も18.9％と業種別では最も高く、競争が激しい業界であることが類推される[9]。

　一方、「⑤急成長企業」は、どの業種でも全体に占める割合はそれほど高くはない。相対的に最も高い割合となったのは「情報通信業」の14.3％で、「事業所向けサービス業」が6.8％、「医療・福祉」が5.7％で続いている。ただ、ほとんどの業種でわずかではあるものの「⑤急成長企業」が存在していることも、注目すべきであろう。

　なお、「情報通信業」は「④成長企業」の割合も71.4％と高く、「⑤急成長企業」と合わせると8割を超える。「④成長企業」の割合がそれに続くのが「教育・学習支援業」の67.6％で、「⑤急成長企業」は2.7％とそれほど高い割合ではないものの、両者を合わせた

---

[9] 本章で分析した、日本政策金融公庫総合研究所「新規開業パネル調査（第3コーホート）」による数値。全体平均は10.2％であった。詳細は深沼（2018）参照。

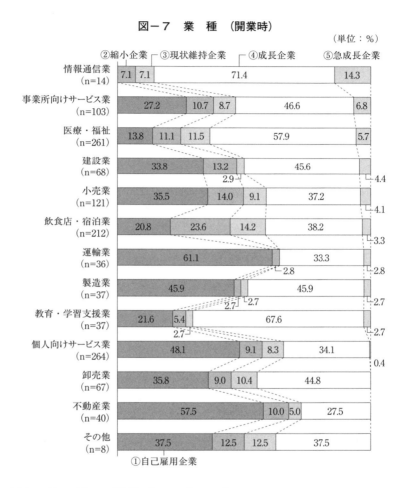

割合は約7割と、業種別で2番目に高くなっている。

　急成長企業の多い業種には、何らかの特徴があるのだろうか。単純に考えれば、業種全体の従業者数が拡大している成長業種では、そのなかに急成長企業が生まれる可能性は高まると推測される。そこで、それを確かめるために、総務省「経済センサス」でみた業種別の従業者数増減割合と、急成長企業の割合を比較した。ここで

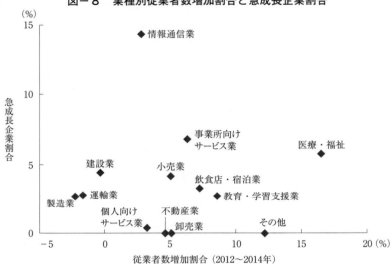

図-8 業種別従業者数増加割合と急成長企業割合

資料：従業者数増加割合は総務省「経済センサス」から計算
（注）従業者数増加割合は、2012年調査時点を基準とした2014年調査時点の増減率。「運輸業」は「運輸業、郵便業」、「不動産業」は「不動産業、物品賃貸業」、「事業所向けサービス業」は「学術研究、専門・技術サービス業」、「個人向けサービス業」は「生活関連サービス業、娯楽業」のデータを採用した。

は、新規開業パネル調査の調査期間に重なる2012年調査と2014年調査を比べてみた。

　結果をみると、確かに従業者数増加割合が最も高い「医療・福祉」は、「⑤急成長企業」の割合も3番目に高い（図-8）。ただ、「⑤急成長企業」の割合が最も高い「情報通信業」をみると、従業者数増加割合はそれほど高くない。ほかの業種をみても、従業者数増加割合と急成長企業の割合は、あまり関係がないようにみえる。

　つまり、急成長企業は、業種全体の従業者数が増えている成長業種だけではなく、需要が減少している業種を含む、さまざまな業種に存在しているということになる。このことは、急成長企業とそれ

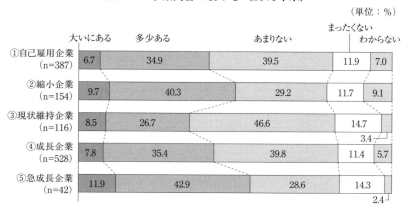

図－9 事業内容の新しさ（2015年末）

　以外の企業には、業種という切り口では説明できない、何らかの違いがあるということを示している。逆に言えば、伸びている業種であるからといって、参入しても必ずしもすべての企業が成長するというわけではないということでもある。

　では、急成長企業は、何がほかと違うのだろうか。ここで、開業した事業内容の新しさについて、2015年末のデータをみてみると、「⑤急成長企業」は、「大いにある」が11.9％、「多少ある」が42.9％で、ほかのカテゴリーと比べると、やや高い割合となっている（図－9）。ただ、それに続くのは「②縮小企業」のそれぞれ9.7％、40.3％であった。事業内容が新しいということは、他社との差別化にはなるものの、そうした商品・サービスが必ずしも市場に受け入れられるとは限らないということだろう。

　次に、同業他社と比べて最も優れているものをみてみると、「⑤急成長企業」では「品質の高さ」と「対応の速さ」が40.0％で並んでおり、「対応の速さ」を選んだ割合がほかと比べて高くなって

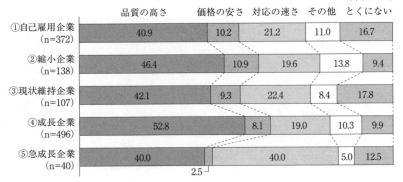

図-10 同業他社と比べて優れているもの（2015年末）

いる（図-10）。また、「価格の安さ」は2.5％と非常に低い値となった。複数回答ではなく最も優れたもの一つを選んでいるため、実際は複数の強みをもっている可能性はあるものの、「⑤急成長企業」では他社との差別化の方向性が異なっていることがうかがえる。

このほか、経営形態についても興味深い違いがみられた。「①自己雇用企業」は「個人経営」の割合が開業時で88.4％、2015年末で84.2％と、圧倒的に個人で経営している割合が高く、「株式会社」「NPO法人」「その他の法人」を合わせた「法人経営」の割合は非常に低い（図-11）。「②縮小企業」「③現状維持企業」は、開業時、2015年末ともに「個人経営」が約7割、「法人経営」が約3割となっている。「④成長企業」も、「個人経営」の割合が開業時で62.3％であり、2015年末でも50.2％と法人を組織している企業は半数にとどまる。

一方、「⑤急成長企業」をみると、開業時ですでに86.0％が「法人経営」であり、その数値は2015年末には95.3％に達する。

一般に規模が大きい企業のほうが法人の割合が高くなるが、

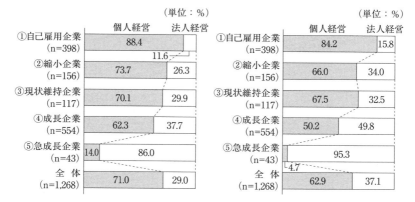

図−11 経営形態

（注）法人経営は、「株式会社」「NPO法人」「その他の法人」の合計。

「⑤急成長企業」の開業時の平均従業者数が10.2人で、「④成長企業」の2015年末の数値8.0人と比べてもそれほど大きくない。おそらく、将来の成長を意識して、当初から法人を組織して体制を整えていたことが、結果として表れたものであろう。

4 成長パターンと経営パフォーマンス

　従業者数の増減は、企業の経営パフォーマンスを示す指標の一つといえる。それでは、ほかの指標でみるとどうなるのだろうか。

　まず、業況が「良い」企業の割合をみてみると、「①自己雇用企業」では2011年末には42.2％だったものが、2015年末には50.9％まで上昇している（図−12）。「②縮小企業」は2011年末には50.3％だったものが2015年末には47.9％まで低下し、「①自己雇用企業」を下回って最も低いカテゴリーとなった。「③現状維持企業」

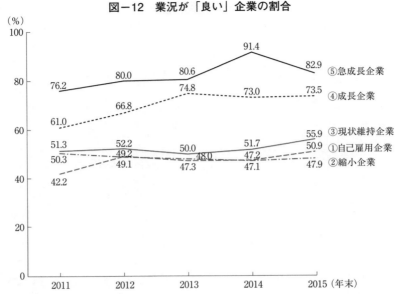

図−12　業況が「良い」企業の割合

(注) 同業他社と比べた業況が「かなり良い」または「やや良い」と回答した企業の合計（その他の選択肢は、「やや悪い」「かなり悪い」）。それぞれの年末に回答した企業を集計。回答数 (n) は毎年異なるため、記載を省略。

は同じ期間に51.3％から55.9％へと、やや上昇している。ただ、これら三つのカテゴリーは残りの二つと比べて水準は低い。「④成長企業」は2011年末で61.0％、2015年末には73.5％まで上昇している。「⑤急成長企業」は2011年末で76.2％と「④成長企業」の2015年末よりも高く、その後上下はあるものの、2015年末には82.9％に達している。このように、業況でみると、「④成長企業」と「⑤急成長企業」の良さが際立っている。

ただ、2015年末で最もパフォーマンスの良くない「②縮小企業」でも、一般企業と比べるとそれほど悪い数字ではない。原則従業者数20人未満を対象にした、当研究所「全国中小企業動向調査（小

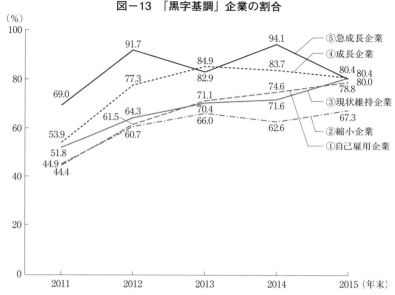

図－13 「黒字基調」企業の割合

(注) 設問は「黒字基調」「赤字基調」の二者択一。それぞれの年末に回答した企業を集計。回答数 (n) は毎年異なるため、記載を省略。

企業編)」の、2015年10-12月期のデータをみてみよう。質問の形式が異なるため、業況について「良い」と「悪い」の回答割合の差で定義されるDIで比較すると、一般企業の－24.2に対し、2015年末の「②縮小企業」は－4.2と、かなり良いことがわかる。

次に、事業の採算の良さを示す「黒字基調」企業の割合をみると、「①自己雇用企業」では2011年末には44.4％で全カテゴリーのなかで最低だったものが、徐々に割合を高め、2015年末には78.8％にまで上昇している（図－13）。これは、「②縮小企業」を除くほかのカテゴリーの水準とほぼ同じである。一方、「②縮小企業」は2011年末の44.9％から2015年末には67.3％と上昇はしてい

るものの、ほかと比べて低い水準であった。また、同じ期間に「③現状維持企業」は51.8％から80.4％へ、「④成長企業」は53.9％から80.4％へと上昇した。「⑤急成長企業」は2011年末にすでに69.0％とほかよりも高い割合であったが、2015年末には80.0％と、ほかと同じ水準となっている。このように、当初の立ち上がりは「⑤急成長企業」が一段抜けていたものの、2015年末には「②縮小企業」を除けば、どのカテゴリーも採算面では同じ水準に到達しているようだ。

　なお、前述の「全国中小企業動向調査（小企業編）」では一般企業の採算DIは－8.4であるのに対し、2015年末の「②縮小企業」でも34.6と、新規開業企業のほうがはるかに高い数値となっていることは、特筆すべきであろう。

　続いて、開業後に経営者が仕事や生活から得ている満足度を確認する。五つの満足度指標について2015年末時点で「大いに満足」または「やや満足」と答えた経営者割合をみてみると、すべての項目において「⑤急成長企業」の経営者が最も高い数値となった（図－14）。「収入」については43.9％と半数を割っているものの、「仕事のやりがい」は87.8％と水準もかなり高い。「私生活の充実」が63.4％、「ワークライフバランス」が58.5％と、仕事以外の生活も充実していることがわかる。「総合的な開業の満足度」は87.8％で、ほとんどの経営者が開業を選んだことに満足していることがみてとれる。

　その他のカテゴリーをみると、「④成長企業」は「収入」が29.3％とやや低いものの、「仕事のやりがい」は83.6％、「総合的な開業の満足度」は70.6％と、それぞれ「⑤急成長企業」に次ぐ水準となった。ここで、注目すべきは、「①自己雇用企業」である。

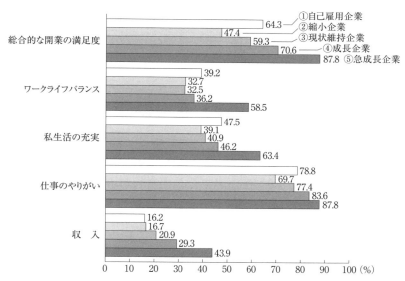

図－14 経営者の満足度（2015年末）

(注)「大いに満足」「やや満足」の合計。回答数（n）は項目ごとに異なるため、記載を省略。

　「収入」に関する満足度は16.2％とほかのカテゴリーに比べて決して高い割合ではないものの、「仕事のやりがい」は78.8％、「総合的な開業の満足度」は64.3％で、それぞれ「④成長企業」に次ぐ水準となった。「私生活の充実」「ワークライフバランス」は「④成長企業」を上回っている。一方、「③現状維持企業」「②縮小企業」は全体的に満足度が低い傾向にある。ただ、「総合的な開業の満足度」をみると、「③現状維持企業」では59.3％、最も低い「②縮小企業」でも47.4％と半数近くが満足していると回答していることがわかる。

　このように、カテゴリーごとにパフォーマンスの違いをみると、全体として「⑤急成長企業」「④成長企業」が良く、「②縮小企業」

が悪いという傾向にある。ただ、業況、採算、満足度を総合してみれば、いずれのカテゴリーも事業としてはまずまずのパフォーマンスをあげており、新規開業企業は経済社会において一定の役割を果たしているといえるのではないだろうか。

5　経営課題と金融機関借入

　開業後の企業が抱える経営課題は、成長パターンによって異なるのだろうか。また、開業後にどう変化するのだろうか。ここでは、現在苦労している点について、開業直後の2011年末と、2015年末のデータを比較した。

　まず、どのカテゴリーにも共通する課題が、商品・サービス関連に分類した「顧客開拓・マーケティングがうまくいかない」である（表－4）。2011年末の回答割合は、「①自己雇用企業」が47.8％、「②縮小企業」が50.6％、「③現状維持企業」が48.3％、「④成長企業」が38.9％、「⑤急成長企業」が23.8％となっており、「⑤急成長企業」を除けば、経営課題のなかで最も高い。2015年末のデータをみると、「①自己雇用企業」で38.4％、「②縮小企業」で37.3％、「③現状維持企業」で36.8％と、割合はやや低下しているものの、この3カテゴリーでは引き続き最も大きな課題となっているようだ。一方、「⑤急成長企業」の回答割合は4.9％で、ほとんどの企業が、顧客開拓・マーケティングに問題を感じていないことがわかる。逆にいえば、この課題を克服できたことが、急成長の原動力の一つになったということもできるだろう。なお、「商品・サービスの開発がうまくいかない」「生産管理・品質管理がうまくいか

表－4　現在苦労している点

(単位：%)

経営課題		2011年末				
		①自己雇用企業	②縮小企業	③現状維持企業	④成長企業	⑤急成長企業
商品・サービス関連	顧客開拓・マーケティングがうまくいかない	47.8	50.6	48.3	38.9	23.8
	商品・サービスの開発がうまくいかない	8.4	7.8	9.5	5.4	4.8
	生産管理・品質管理がうまくいかない	1.3	3.2	1.7	3.3	4.8
経費・事務関連	経費がかさんでいる	19.9	34.4	25.9	24.4	31.0
	受注単価・販売単価が安い	21.5	16.9	18.1	19.6	28.6
	原価（仕入・外注費）がかさんでいる	15.2	23.4	25.0	14.0	11.9
	財務管理・経費処理がうまくできていない	16.3	13.0	10.3	10.0	4.8
人材関連	必要な能力を持った従業員を採用できない	6.8	20.8	16.4	26.2	38.1
	従業員の人数が不足している	6.6	15.6	15.5	24.0	31.0
	従業員をうまく育成できていない	1.6	18.2	15.5	12.2	23.8
資金関連	資金繰りが厳しい	21.3	24.0	16.4	19.2	14.3
	金融機関からの借入が難しい	3.7	5.2	2.6	6.1	7.1
その他	その他	5.0	5.8	2.6	3.3	0.0
	特に苦労はしていない	14.4	5.8	12.9	8.1	7.1
	n	381	154	116	542	42

経営課題		2015年末				
		①自己雇用企業	②縮小企業	③現状維持企業	④成長企業	⑤急成長企業
商品・サービス関連	顧客開拓・マーケティングがうまくいかない	38.4	37.3	36.8	25.0	4.9
	商品・サービスの開発がうまくいかない	10.1	7.2	11.4	5.5	4.9
	生産管理・品質管理がうまくいかない	1.5	3.3	0.9	2.8	2.4
経費・事務関連	経費がかさんでいる	12.9	25.5	21.1	19.4	36.6
	受注単価・販売単価が安い	16.0	17.0	25.4	15.0	17.1
	原価（仕入・外注費）がかさんでいる	18.6	24.2	26.3	16.1	22.0
	財務管理・経費処理がうまくできていない	3.9	7.2	4.4	6.2	0.0
人材関連	必要な能力を持った従業員を採用できない	11.9	22.2	20.2	34.5	43.9
	従業員の人数が不足している	11.9	29.4	21.1	38.0	53.7
	従業員をうまく育成できていない	1.0	14.4	16.7	25.5	31.7
資金関連	資金繰りが厳しい	15.5	24.8	14.0	12.8	7.3
	金融機関からの借入が難しい	3.9	3.9	0.0	2.9	0.0
その他	その他	3.6	3.9	4.4	1.5	0.0
	特に苦労はしていない	22.7	12.4	10.5	10.8	2.4
	n	388	153	114	545	41

（注）1　濃い網掛けは30％以上、薄い網掛けは20％以上30％未満。
　　　2　経費は人件費・家賃・支払利息など。
　　　3　「従業員の人数が不足している」は、2011年末は「従業員が量的に不足している」としている。

ない」の回答割合はそれほど高くない。にもかかわらず、顧客開拓・マーケティングに問題がある企業が多いということは、実際には顧客ニーズを十分に満足させるだけの商品・サービスが提供できていないことを示しているのかもしれない。

　次に、経費・事務関連の経営課題についてみてみると、「経費がかさんでいる」「受注単価・販売単価が安い」「原価（仕入・外注費）がかさんでいる」は、2011年末、2015年末ともに、いずれのカテゴリーでも各経営課題のなかで比較的高い順位で選ばれている。そのうち、「経費がかさんでいる」についてみると、2011年末では「②縮小企業」が34.4％と全カテゴリーのなかで最も回答割合が高い。また、「⑤急成長企業」の回答割合も2011年末には31.0％と2番目に高く、2015年末には36.6％に上昇し、カテゴリー別では最も高くなった。「③現状維持企業」「④成長企業」は2011年末にはそれぞれ25.9％、24.4％であったのに対し、2015年末には21.1％、19.4％となっており、経費に関する経営課題はわずかに減少しつつ、依然として解決されていないことがわかる。これは「原価（仕入・外注費）がかさんでいる」についても同様の傾向がうかがえる。「受注単価・販売単価が安い」と回答した「⑤急成長企業」は2011年末の28.6％から、2015年末に17.1％となっており、価格設定に関する経営課題は解消の方向にある。

　人材関連の経営課題を抱える企業は2011年末から2015年末にかけて増加している。「必要な能力を持った従業員を採用できない」と回答した「④成長企業」と「⑤急成長企業」は、2011年末に26.2％と38.1％であったのに対し、2015年末にはそれぞれ34.5％と43.9％となっており、3割以上の企業が人材のミスマッチを課

題として挙げていることになる。「従業員の人数が不足している」と回答した「④成長企業」と「⑤急成長企業」についても、2011年末の24.0％と31.0％から、2015年末に38.0％と53.7％と大きく増加している。

　資金関連の経営課題については「資金繰りが厳しい」と回答した「②縮小企業」は2011年末に24.0％、2015年末に24.8％となっており、資金関連の経営課題を解消できない企業が伸び悩んでいる姿がうかがえる。ただ、「金融機関からの借入が難しい」との回答は、2011年末、2015年末ともに、すべてのカテゴリーで１割に満たなかった。

　最後に「特に苦労はしていない」と回答した割合は、「①自己雇用企業」で2011年末に14.4％、2015年末に22.7％と、ほかのカテゴリーより高くなった。

　ここで、資金調達に関連するデータとして、開業時と2015年末の金融機関借入の平均残高を比較してみよう。まず「①自己雇用企業」をみると、開業時の439万円から531万円へと、わずかに増加している（図－15）。従業者数はあまり増えてはいないものの、一定の資金需要があり、それを金融機関借入で賄っていることがわかる。一方、「②縮小企業」と「③現状維持企業」はそれぞれ943万円から765万円、1,059万円から823万円と借入残高が減少している。これに対し、「④成長企業」は1,064万円から1,494万円へ、「⑤急成長企業」は1,823万円から5,541万円へと増加している。特に「⑤急成長企業」の借入残高の伸びが大きく、成長に伴い追加の設備投資の資金や、運転資金への需要が高まったことがみてとれる。

　次に、借入先についてみてみると、すべてのカテゴリーで、民間

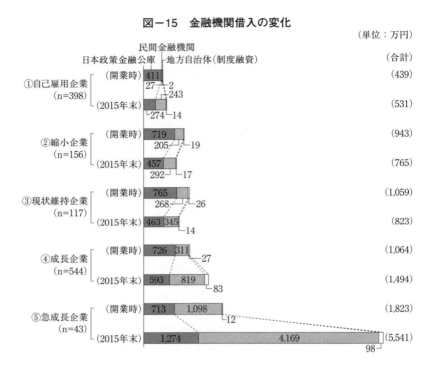

図-15 金融機関借入の変化

 金融機関からの借入額が開業時から2015年末にかけて増加している。なかでも、「④成長企業」と「⑤急成長企業」は、それぞれ311万円から819万円、1,098万円から4,169万円と借入を大きく拡大していることが分かる。これに対し、日本政策金融公庫からの借入残高は「⑤急成長企業」を除いて減少している。

 分析対象の新規開業企業は、開業前または開業後1年以内に日本政策金融公庫からの融資を受けている。借入先の変化の状況からは、その融資が民間金融機関の融資の呼び水となった可能性が指摘できるだろう。このことが、結果として「金融機関からの借入が難しい」企業が非常に少ないことにもつながっているとも考えられる。

6　経営課題の解決方法

　前段でみてきた経営課題を、各企業はどのように解決しているのだろうか。まず考えられる、解決の糸口をつかむための情報収集について、企業の成長パターンとの関係からみていくことにする。

　最初に、開業前後の情報収集の水準を確認するために、「開業前１年間」と「開業から開業した年である2011年の末まで」のそれぞれの時期に、「創業や事業に関連するセミナーや講習会」「開業予定者や経営者が集まる交流会や会合」に参加したかどうかを集計した。すべての種類に参加していれば４種類、まったく参加していなければ０種類ということになる。

　結果をみると、「０種類」がすべてのカテゴリーで５割前後となった（図－16）。この種の情報収集を行った企業と行っていない企業が、ほぼ半々ということになる。一方、「３種類」「４種類」と情報収集に積極的な経営者も、どのカテゴリーにも一部存在する。平均種類数は、0.9種類から1.1種類で、カテゴリーによる大きな違いはみられなかった。

　続いて、開業から時間が経過した2015年の情報収集の状況をみてみる。データは、「2015年中」に「事業に関するセミナーや講演会」「経営者が集まる交流会や会合」にそれぞれ参加したかどうかを集計したもので、両方とも参加していれば２種類、まったく参加していなければ０種類ということになる。

　集計結果には、カテゴリーによって、やや違いがみられた。一度も参加していない「０種類」は、「①自己雇用企業」で53.0％、「②縮

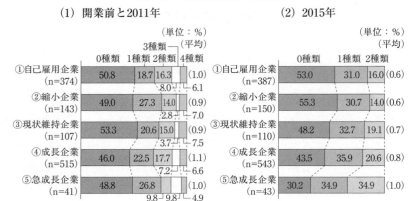

図－16 情報収集先の種類数

(注)「(1) 開業前と2011年」は、「創業や事業に関するセミナーや講演会」と「開業予定者や経営者が集まる交流会や会合」について、「開業前1年間」と「開業から開業した年である2011年の末まで」のそれぞれについて、受講または参加した種類数の累計（最大4種類）。「(2) 2015年」は、「事業に関するセミナーや講演会」と「経営者が集まる交流会や会合」について、「2015年中」に受講または参加した種類数の累計（最大2種類）。

小企業」で55.3.％、「③現状維持企業」で48.2％であるのに対し、「④成長企業」では43.5％、「⑤急成長企業」では30.2％と、成長している企業のほうが低い割合となった。特に「⑤急成長企業」は、「1種類」が34.9％、「2種類」が34.9％で、平均1.0種類と、情報収集に対してほかのカテゴリーよりも積極的な行動をとっていることがわかる。因果関係は必ずしも明確ではないものの、このデータからは、情報収集が企業の成長にプラスに作用している可能性が示唆されるだろう。

次に、外部からの支援内容ごとに、受けた企業の割合を成長パターン別にみていく。

開業前についてみると、「資金調達」の回答割合が高いのが、まず目につく（表－5）。最も低い「②縮小企業」でも71.1％が回答

表－5　外部からの支援内容

(単位：％)

支援内容	開業前				
	①自己雇用企業	②縮小企業	③現状維持企業	④成長企業	⑤急成長企業
資金調達	75.7	71.1	76.4	77.1	80.0
法律や会計の知識の習得	55.9	59.3	63.2	63.3	74.3
総合的なマネジメント	64.6	64.4	74.5	62.7	71.4
従業員の確保	6.7	39.3	28.3	33.0	54.3
商品・サービスの企画や開発	47.5	42.2	40.6	43.9	48.6
必要な知識や技術、資格の習得	47.5	45.2	38.7	46.6	45.7
仕入先・外注先の確保	47.0	43.7	43.4	47.0	45.7
販売先・顧客の確保	41.7	45.2	48.1	44.3	42.9
市場、事業所立地の調査・検討	42.0	47.4	46.2	44.9	40.0
n	345	135	106	485	35

支援内容	2015年				
	①自己雇用企業	②縮小企業	③現状維持企業	④成長企業	⑤急成長企業
資金調達	19.3	19.8	26.0	31.9	66.7
法律や会計の知識の習得	33.6	37.4	44.2	54.4	79.2
総合的なマネジメント	18.9	19.8	32.5	28.3	41.7
従業員の確保	3.3	17.6	24.7	26.9	41.7
商品・サービスの企画や開発	31.1	30.8	45.5	34.3	37.5
必要な知識や技術、資格の習得	31.6	37.4	42.9	34.3	45.8
仕入先・外注先の確保	14.3	11.0	11.7	21.2	25.0
販売先・顧客の確保	25.8	22.0	40.3	26.4	58.3
市場、事業所立地の調査・検討	8.2	4.4	13.0	16.8	29.2
n	244	91	77	364	24

(注)1　すべての支援内容について支援の有無を回答した企業について集計。
　　2　濃い網掛けは70％以上、薄い網掛けは50％以上70％未満。
　　3　「必要な知識や技術、資格の習得」は「商品・サービスの提供に必要な知識や技術、資格の習得」の略。
　　4　「総合的なマネジメント」は、開業前は「総合的な開業計画の策定」としている。

しており、多くの企業が資金調達について何らかの支援を受けていることがわかる。

次に回答割合が高いのは、「法律や会計の知識の習得」と「総合的なマネジメント」で、すべてのカテゴリーにおいて半数以上の企業が支援を受けている。なかでも「⑤急成長企業」では74.3％、71.4％と、支援を受けた割合が特に高く、こうした支援が成長を

支えていることを示す結果となった。

　また、「従業員の確保」についても「⑤急成長企業」は54.3％と半数を超えており、人材の確保に対して積極的に行動していることがみてとれる。一方、結果として家族以外の従業員を雇用していない「①自己雇用企業」は6.7％と、低い回答割合となった。

　その他の支援内容については、おおむね4割台の回答で、カテゴリーによる大きな違いは観察できなかった。

　次に2015年のデータをみてみよう。全体としては、開業前に比べると、支援を受ける割合は低くなっているようである。個別の支援をみると、まず、「資金調達」については、「⑤急成長企業」では66.7％と、引き続き支援を受けている割合が高い。「④成長企業」は31.9％で、それに続いている。企業が成長する際には、追加の設備投資を行うための資金や、経費支払のための運転資金に対する需要が増加する。手持ち資金が十分でない新規開業企業は、多くが外部からの資金調達を行う必要がある。このことが、支援を積極的に受けることにもつながっているといえよう。回答の傾向は、前段でみた金融機関借入額の増加傾向とも整合している。

　次の「法律や会計の知識の習得」は、「⑤急成長企業」で79.2％と、支援内容別で最も高い割合となった。開業前と比べても、やや割合が高まっている。「④成長企業」も54.4％とほかのカテゴリーより高い割合となっていることから、企業が成長する過程で、事業に関連する法律や企業の会計処理についてのより高度な知識が必要になっていることがうかがえる結果である。

　また、「販売先・顧客の確保」も、「⑤急成長企業」で58.3％となっている。前述の経営課題では、「顧客開拓・マーケティングが

うまくいかない」と回答した企業が「⑤急成長企業」ではほとんどいなかったことを考えると、こうした支援を受けたことが、顧客開拓に貢献していることが推察される。

このほか、「総合的なマネジメント」「従業員の確保」についても、「⑤急成長企業」の回答割合がほかのパターンより少し高くなる傾向がみられた。

ここで、各支援内容の回答割合を合計して、1企業当たりの支援を受けた延べ件数をみてみる。まず、合計の件数をみると、開業前では「①自己雇用企業」が4.3件、「②縮小企業」「③現状維持企業」「④成長企業」が4.6件、「⑤急成長企業」が5.0件と、成長しているカテゴリーのほうが、若干件数が多くなった（表－6）。2015年では、それぞれ1.9件、2.0件、2.8件、2.7件、4.3件となっており、さらに差が大きくなっている。こうした結果から、うまく支援を活用することが、企業の成長に寄与していると推測される。

続いて、支援を受けた相手先ごとの件数をみてみよう。開業前では、すべてのカテゴリーで「知人・親族」が1.0件前後と、最も支援を受ける機会が多い相手として挙げられている。「専門家（税理士・司法書士等）」からの支援は、「①自己雇用企業」では0.3件とやや少ないものの、「②縮小企業」「④成長企業」では0.7件、「③現状維持企業」では0.8件、「⑤急成長企業」では1.0件と比較的多い。「取引先以外の経営者」「取引先」も0.4～0.9件で、比較的有力な支援者といえそうだ。このほか、「商工会議所・商工会・組合」は、「①自己雇用企業」で0.6件とやや多くなっている一方、「⑤急成長企業」では0.2件にとどまっており、規模の小さい新規開業企業にとって身近な存在といえよう。

表-6 支援者ごとの支援件数

(単位:件)

支援者	開業前				
	①自己雇用企業	②縮小企業	③現状維持企業	④成長企業	⑤急成長企業
知人・親族	0.8	1.0	0.8	0.9	1.1
専門家(税理士・司法書士等)	0.3	0.7	0.8	0.7	1.0
取引先以外の経営者	0.8	0.5	0.8	0.7	0.9
取引先	0.6	0.4	0.4	0.6	0.8
地方自治体・公的機関	0.1	0.1	0.1	0.1	0.3
商工会議所・商工会・組合	0.6	0.3	0.4	0.4	0.2
金融機関	0.2	0.1	0.1	0.1	0.2
元勤務先	0.5	0.6	0.7	0.5	0.1
民間の創業支援機関	0.1	0.2	0.3	0.2	0.1
その他	0.2	0.4	0.3	0.3	0.4
支援者無回答	0.1	0.2	0.0	0.1	0.0
合　計	4.3	4.6	4.6	4.6	5.0
n	345	135	106	485	35

支援者	2015年				
	①自己雇用企業	②縮小企業	③現状維持企業	④成長企業	⑤急成長企業
知人・親族	0.3	0.4	0.2	0.3	0.3
専門家(税理士・司法書士等)	0.3	0.3	0.6	0.8	1.3
取引先以外の経営者	0.4	0.4	0.7	0.4	1.0
取引先	0.4	0.3	0.6	0.7	0.2
地方自治体・公的機関	0.1	0.0	0.1	0.1	0.1
商工会議所・商工会・組合	0.2	0.3	0.2	0.2	0.3
金融機関	0.1	0.1	0.1	0.1	0.4
元勤務先	0.1	0.1	0.1	0.0	0.1
民間の創業支援機関	0.0	0.0	0.0	0.1	0.4
その他	0.1	0.1	0.1	0.1	0.2
支援者無回答	0.0	0.0	0.1	0.0	0.0
合　計	1.9	2.0	2.8	2.7	4.3
n	244	91	77	364	24

(注)1　すべての支援内容について支援の有無を回答した企業について、支援内容9項目それぞれに対する支援者を累計して、延べ支援件数を計算。ただし、支援内容によっては支援者が無回答の場合がある。
　　2　濃い網掛けは0.8件以上、薄い網掛けは0.4～0.7件。「商工会議所・商工会」「同業者の組合」は「商工会議所・商工会・組合」、「同業種の経営者」「異業種の経営者」は「取引先以外の経営者」として集計した。以下同じ。

　これが2015年になると、「知人・親族」は0.2～0.4件と少なくなる。「専門家（税理士・司法書士等）」からの支援は、「①自己雇用

企業」「②縮小企業」では0.3件とやや少なくなったものの、「③現状維持企業」では0.6件と引き続きやや高い数字となった。特に、「④成長企業」では0.8件、「⑤急成長企業」では1.3件と、開業前を上回る件数となっている。「取引先以外の経営者」「取引先」も全体として継続的な支援者といえそうだ。「⑤急成長企業」では「取引先以外の経営者」も1.0件と、ほかの支援者と比べて高い数字となっており、経営者が幅広いネットワークをもっていることがうかがえる。なお、「金融機関」との回答は、選択肢で「融資を除く」と注記しているためか、全体としてそれほど多くなかった。

　ここで注目したいのは、それぞれの支援を「受けたかったが受けられなかった」と回答した企業が一定数存在することだ[10]。開業前で最も割合が高いのは、「法律や会計の知識の習得」に関する支援の「②縮小企業」で、21.5％に上る（表－7）。ほかのカテゴリーでも比較的回答割合が高い。この項目は、前掲表－5に示したとおり、支援を受けた割合も全体として高かった[11]。それでも、支援が行き届かない先がかなりあったことがわかる。「販売先・顧客の確保」「市場、事業所立地の調査・検討」も回答割合が相対的に高かった項目である。これらは、実際に支援を受けた割合も低い傾向にあり、そもそも支援があまり用意されていないことが推測される。このほかにも、10％以上の回答割合となった項目が多数存在していた。2015年のデータをみると、全体的に回答割合は下がっているものの、「①自己雇用企業」を除く各カテゴリーで、引き続き

10　アンケートでは、それぞれの支援について、支援を「受けた」「受けたかったが受けられなかった」「受ける必要がなかった」の三者択一で回答を得ている。
11　表－7の支援内容の順番は、開業前の「⑤急成長企業」が支援を受けた割合が高いほうから並べた表－5と同じにしている。

表－7 外部からの支援を受けたかったが受けられなかった割合（支援内容別）

(単位：％)

支援内容	開業前				
	①自己雇用企業	②縮小企業	③現状維持企業	④成長企業	⑤急成長企業
資金調達	7.2	12.6	3.8	7.0	11.4
法律や会計の知識の習得	19.4	21.5	13.2	14.6	14.3
総合的なマネジメント	7.2	9.6	2.8	8.9	14.3
従業員の確保	5.5	10.4	3.8	8.9	11.4
商品・サービスの企画や開発	7.8	8.9	5.7	8.2	5.7
必要な知識や技術、資格の習得	7.0	8.9	5.7	6.6	8.6
仕入先・外注先の確保	7.5	10.4	2.8	7.6	11.4
販売先・顧客の確保	15.4	15.6	8.5	15.1	17.1
市場、事業所立地の調査・検討	11.6	12.6	8.5	10.9	17.1
n	345	135	106	485	35

支援内容	2015年				
	①自己雇用企業	②縮小企業	③現状維持企業	④成長企業	⑤急成長企業
資金調達	4.5	8.8	7.8	6.3	0.0
法律や会計の知識の習得	6.1	12.1	11.7	4.9	4.2
総合的なマネジメント	5.7	8.8	10.4	9.6	12.5
従業員の確保	1.6	12.1	6.5	10.7	16.7
商品・サービスの企画や開発	4.5	8.8	6.5	6.0	8.3
必要な知識や技術、資格の習得	5.7	9.9	6.5	5.2	8.3
仕入先・外注先の確保	2.5	9.9	5.2	5.5	12.5
販売先・顧客の確保	6.1	13.2	13.0	8.5	8.3
市場、事業所立地の調査・検討	2.9	9.9	10.4	6.6	16.7
n	244	91	77	364	24

(注)1　すべての支援内容について支援の有無を回答した企業について集計。
　　2　濃い網掛けは15％以上、薄い網掛けは10％以上15％未満。
　　3　「必要な知識や技術、資格の習得」は「商品・サービスの提供に必要な知識や技術、資格の習得」の略。
　　4　「総合的なマネジメント」は、開業前は「総合的な開業計画の策定」としている。

10％以上の項目があることがわかる。特に「⑤急成長企業」で「従業員の確保」「市場、事業所立地の調査・検討」の回答割合が高い。

　このような結果からは、開業前あるいは開業後に企業が必要とする支援メニューが、十分に用意されていない可能性がうかがえる。支援は存在していても、使い勝手が悪かったり、支援を受けられる場所が限られていたりといった問題があったのかもしれない。ま

た、適切な支援があったとしても、その情報が伝わっていなかったケースも考えられよう。

7　まとめ

　第1章では、新規開業した後に自己雇用のままでいる企業が全体の3割以上存在する一方、順調に成長を遂げる企業も少なくないなど、企業の成長にはさまざまなパターンがあることを示した。そのうえで、急成長企業の割合はわずかだが雇用創出の貢献度は高いことを明らかにした。

　経営者個人の属性と成長パターンの間には、管理職経験以外では、それほど強い関係性はないことを示した。また、新規開業企業の経営者は、一般成人に比べて「外向性」と「開放性」を示すスコアが高く、成長を志向している経営者は、さらにその傾向が強いことが観察された。

　一方、企業属性の分析からは、従業者数が増えていない業界にも急成長企業は存在していること、事業内容の新しさや価格以外の優位性が成長と関係していることがわかった。

　また、成長パターンによって経営パフォーマンスに違いはあるものの、一般の中小企業と比較してかなり高い水準であることも示した。経営者の満足度も低くはないことから、いずれの成長パターンの新規開業も、経済社会に一定の貢献をしているといえるだろう。

　新規開業企業は、成長パターンにかかわらず開業前後にさまざまな支援を受けている。特に、成長している企業は外部からの支援を受けている割合が高い傾向にあり、金融機関からの借り入れも順調

である。一方、支援を受けたかったが受けられなかった企業も一定数存在している。この結果は、新規開業を目指す人や新規開業直後の企業に対して、さまざまな支援策を充実させるとともに、その情報が必要とされるところに漏れなく伝わるような仕組みを構築していくことが求められていることを示しているのではないだろうか。

＜参考文献＞

岡室博之・加藤雅俊（2013）「スタートアップ企業における雇用の成長と構成変化の決定要因―研究開発型企業とそれ以外の企業の比較分析―」財務省財務総合政策研究所『フィナンシャルレビュー』第112号、pp.8-25

鈴木正明（2012）「開業後の雇用はどのように変動したのか―正社員の雇用状況とガゼルの分析―」日本政策金融公庫総合研究所編集、鈴木正明著『新規開業企業の軌跡―パネルデータにみる業績、資源、意識の変化―』勁草書房、pp.93-133

中小企業庁（2018）『2018年版 中小企業白書』日経印刷

深沼光（2018）「廃業の要因」日本政策金融公庫総合研究所編集、深沼光・藤田一郎著『躍動する新規開業企業―パネルデータでみる時系列変化―』勁草書房、pp.43-74

村上義昭（2011）「開業者の斯業経験と開業直後の業績」日本政策金融公庫総合研究所『日本政策金融公庫論集』第12号、pp.1-18

安田武彦（2004）「起業後の成長率と起業家属性、起業タイプと起業動機―日本のケース―」企業家研究フォーラム『企業家研究』第1号、pp.79-95

第2章

ケーススタディ

日本政策金融公庫総合研究所
研究主幹　　　深沼　光
研究員　　　　山崎 敦史
客員研究員　　田中 義孝
(現・九州大学大学院工学研究院学術研究員)

［事例1］
100年続く歯科医院を目指して

医療法人社団　一心会
理事長　青木 一太(あおき いちた)

［企業概要］

創　　業：2009年

従業者数：95人（役員・正社員65人、パート・アルバイト30人）

事業内容：歯科診療所（4カ所）、歯科技工所（別会社）

所 在 地：北海道札幌市厚別区厚別中央2条4丁目9-15
　　　　　新札幌中央メディカルビル3F

年　　商：非公開

［成長の軌跡］

2009年4月　新札幌いった歯科を開設（札幌市厚別区）

2010年5月　口腔内記録の管理、患者への説明にタブレットPCを導入

2011年9月　事務局本部を開設（札幌市厚別区）

2013年4月　同社設立。訪問歯科診療部門を開始

2013年9月　厚別ウエスト歯科を開設（札幌市厚別区）

2014年9月　菊水アロー歯科を開設（札幌市白石区）

　同　　　ウェブ予約を導入

2016年7月　デジタルレントゲン、CT、口腔内カメラ、大型モニター、プライバシーカーテンを導入

2017年3月　中延セントラル歯科を開設（東京都品川区）

　同　　　RESQOL株式会社（歯科技工所デジタルラボ）を設立（札幌市厚別区）

2019年1月　自動精算機導入

1 歯科診療所を複数展開

(1) 長期的な視点で多数の診療科をそろえる

　歯科医師である青木一太さんが代表を務める医療法人社団一心会は、札幌市内の3カ所と東京に1カ所の歯科診療所を構える。2009年に現在も本部を置く新札幌いった歯科を開設した後、2013年と2014年に相次いで札幌市内に歯科診療所を開設。2017年には、東京にも進出したほか、本部に隣接してデジタルによる加工に特化した歯科技工所も別会社として開設した。現在は医師30人、歯科衛生士21人を含む、スタッフ約90人を抱えるまでに急成長している。診療科は、一般歯科のほか、小児歯科、矯正歯科、歯科口腔外科、審美歯科、スポーツ歯科、インプラント治療など幅広い。超高齢社会のニーズに応え介護施設等への訪問歯科診療も行っている。

　目指すのは、長期的に予後を診ることのできる歯科医院だ。そのために、100年続く組織づくりを目標としている。患者が主として訴える症状を主訴と呼ぶ。青木さんによれば、患者の多くは、歯が痛くなったり詰め物が取れたりを主訴として初めて歯科を受診する。ただ、それが落ち着くと治療を中断してしまうことが多い。そこで、専門分野に長けた多くの歯科医師を迎え入れることで、現状と治療内容の十分な説明と、幅広い治療を可能にしている。

　このように、複数ドクター体制での幅広い治療を1カ所で行うことで、納得度の高い診療を患者に提供し、リピーター化を図っている。そのためには、多数の歯科医師の採用が求められる。それを可能にしたのは、事業拡大に向けた計画的な行動だった。

新札幌いった歯科の待合室

(2) 診療所経営を計画的に学ぶ

　青木さんは、東京の実家から大学進学のために札幌に移り住んだ。現在の診療所のコンセプトは、学生時代から考えていたものだった。大学を卒業して歯科医師免許を取っても、すぐに開業できるだけの実力を伴っているわけではない。札幌市内の診療所に就職して、治療の技術を磨いた。新米の歯科医師としては一般的なキャリアアップの方法である。

　ただ、青木さんはそれだけにとどまらなかった。勤務先にお願いして、事務全般、採用活動、ホームページの作成など、将来自分で歯科診療所を経営するときに役に立つだろう仕事を、意識的に引き受けたのだ。皆の嫌がるクレーム対応にも手を挙げた。「オーナーが非常に理解のある人で、本当にお世話になった」と青木さんは語る。こうして8年間、治療だけではなく計画的にマネジメントの勉強を行った後に、いよいよ自分自身の歯科診療所を開設することに

なった。

　開業する場所をさまざまな人に相談していたところ、ちょうど閉院する予定だった歯科診療所の物件がみつかった。場所は、土地勘もあった新札幌駅からすぐ近くのメディカルビルだ。新札幌駅はJRと地下鉄の乗換駅で交通アクセスが良く、雪の降る季節でも患者が通いやすいし、スタッフの通勤にも便利だと考え、そこに決めた。費用を抑えるために、診療台や機械など残っていた備品はそのまま引き継ぎ、開業にこぎつけた。開業費用は通常の1割程度と極限まで抑えた。

2　治療コンセプトを患者と共有

(1) 患者を顧客と考える

　青木さんは、患者がリピーターになる診療所をつくりたかった。そのための工夫として、まず1人の患者に対して医師は専任制にし、信頼関係を構築するようにした。治療前に方針をじっくり話し合い、場合によっては保険診療に加えて保険外診療の提案をする。患者にとって一時的なコストは高いが、メンテナンスの回数が減るなど長期的にみればメリットが大きい場合も多い。そのことを、タブレットPCに画像を映しながら、丁寧に話すようにしている。もしほかの専門分野の医師に引き継ぐ場合には、その必要性を患者に十分に説明する。

　治療室は明るい色の内装で、リラックスして治療を受けてもらえるようにしている。治療機器については当初は以前の医院のものを引き継いだものの、その後次々に最新のデジタル機器を導入してき

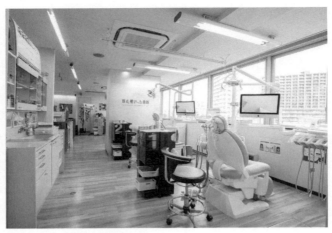
新札幌いった歯科の治療室

た。例えば、従来は歯に詰物をする場合には型を取って、石膏(せっこう)を流しそれをもとに歯科技工士がかぶせ物を作成していたが、一心会では、口腔内をスキャナーで光学読み取りしたデータをデジタルラボ（歯科技工所）に送り、CAD・CAMシステムでかぶせ物をデジタルで作成することができるようにしている。患者の負担も少なくなるほか、自分の仕事をデジタルによって客観的に確認できるようになったことで、歯科医師の教育にも貢献している。

　こうした治療への考え方を理解してもらうために、ホームページ、フェイスブック、ブログでの情報発信も積極的に行っており、予約もウェブ上で可能にすることで患者の利便性向上と事務の効率化を図っている。

　さらに、各診療所では土日も休まず午後7時まで診療することで、仕事が忙しくなかなか時間が取れない患者にも対応できるようにしている。

マウスガード

(2) さまざまな治療分野に挑戦

　一心会は通常の虫歯の治療や予防以外にも、さまざまな治療コンセプトを打ち出している。一つは、マタニティ歯科だ。妊娠後期から子どもが生まれてしばらくの間は、体への負担もあって、なかなか歯科に通いにくい。その間に虫歯が進行してしまうこともよくあるという。そこで、妊娠が分かった時点で、治療すべきものはすべて治療したうえで、さらに予防も行おうというコンセプトだ。出産後もフォローするとともに、子どもの虫歯予防も併せて行っている。

　もう一つ、力を入れているのはスポーツ歯科だ。歯は人の健康にとって非常に大切であることはいうまでもない。特にアスリートは、歯を強くかみしめることができないと、運動能力にも大きく影響する。そこで、サッカーやバスケットボールの地元のプロチームと契約を結び、通常の診療のほか、虫歯予防のための啓蒙活動を行っている。また、専用マウスガードの作成も提案する。ボクシン

グやラグビーなど接触プレーのある競技ではマウスガードは一般的だが、ほかのスポーツにはあまり普及していない。監督やコーチに薦められても、既製品だとしっくりこないためすぐに使わなくなってしまうことも、その一因だ。各人の歯形をスキャンして製作したマウスガードは、使用の効果も高く、使い心地も良いため、選手にも好評だという。

3 多彩な人材が医院を支える

(1) 充実した研修で歯科医師を育成

　青木さんの目指す歯科医院をつくるには、さまざまな専門分野の歯科医師が多数必要だった。最初は歯科医師1人体制でスタートしたが、大学の先輩や後輩に声をかけるなどして、少しずつ歯科医師数を増やしていった。ただ、そうした人脈にも限界がある。そこで医療専門の求人情報会社を利用した採用も進めていった。

　大学を出たばかりの新卒の採用も、積極的に行ってきた。もちろん、最初からベテラン医師のような治療ができるわけではない。一心会では、研修マニュアルを独自に作成し、計画的に新人教育を実施している。これによって、3年経てばベテラン医師並みとはいわないまでも、その7割程度の仕事を1人でこなせるようになるそうだ。

　外部研修にも積極的に参加させている。歯科医のグループが行うインプラントに関する技術研修や、メーカーが行うデジタル機器の操作研修など、数日かけて行われるさまざまな内容の研修に、年間延べ20人ほどの歯科医師を送り込んでいる。さらに、ハーバード大学やペンシルバニア大学など、海外の有名大学で行われる最新医

療のセミナーも、各診療所の院長や院長候補者が複数受講している。高額の費用がかかるものの、治療のレベルアップへの効果は非常に大きい。勤務する歯科医師にとっても、大きなインセンティブとなっている。

(2) 成長を支える経営チームを構築

　規模を拡大していくには、人事、経理、システム管理などのマネジメントのできる人材も必要だ。採用に当たっては、あえて歯科分野の経験は問わなかった。必要な人材は、人材紹介会社や青木さん自身のネットワークを通じて、ピンポイントでスカウトしている。歯科業界での経験がなくても専門分野に長けた人材を採用することで、必要な業務にスピードを上げて取り組むことができる。さまざまな経験をもつ経営チームは、従来の歯科医院のスタイルにこだわらない診療所づくりの基礎を担っている。

　また、治療中や治療後の食事指導のための管理栄養士も雇用している。歯科と管理栄養士をつなぐことで、患者への新たな付加価値の創出に挑戦中だ。

(3) 医師のニーズに合わせて東京に進出

　札幌で3件の診療所を開設した後に、遠く離れた東京に4番目の診療所を開いたのはなぜなのか。青木さんは、札幌でのある学生との採用面接がきっかけになったという。その人は東京出身で札幌の大学に進んでいた。しばらく札幌で暮らしたいが、いずれは東京に戻りたい。辞めることになると申し訳ないので就職をためらっているという。優秀な学生だったので、ぜひ採用したかった。逆に、今

は東京に住みたいが、いずれは故郷の札幌に戻りたいと考えている歯科医師もいると聞いた。東京にも拠点を置けば、そのような人がいても社内の転勤で対応できる。そう考えて、思い切って東京に診療所を開設した。院長には実力のあるドクターを任命して、理念や運営コンセプトをしっかりと共有した。テレビ会議システムで定期的なミーティングを行うことで、距離が離れていることのハンデはまったくないそうだ。

　一心会は、多くの患者をリピーターにして順調に成長してきた。その原動力となったのは、青木さんが経営者として理念やビジネスのコンセプトをしっかりともち、それを勤務する歯科医師やスタッフと共有したからだろう。これからも患者のためになる歯科医療を目指して、さらに治療内容の充実を図りたいと、青木さんは語ってくれた。

（深沼　光）

急成長のカギ

・患者のためになる歯科診療所というコンセプトを明確にし、多数の診療科を設けるとともに、ホームページ、フェイスブックなどで積極的に情報発信。
・将来の歯科医院開業に向けて、勤務医時代から計画的にマネジメントの経験を蓄積。
・外部のセミナーを活用した充実した研修体制により、経営コンセプトを理解した、多数の歯科医師とスタッフを育成。
・歯科関連以外の多彩な経験をもつ経営チームで、従来の歯科医院のスタイルにこだわらない診療所を運営。

[事例2]
未経験者がつくりあげた多園展開の保育園

社会福祉法人 すくすくどろんこの会
理事長　綿貫 善弘
　　　　わたぬき　よしひろ

[企業概要]

創　　業：2012年（保育園開設年）

従業者数：136人（役員・正社員90人、パート・アルバイト45人）

事業内容：保育園（8カ所）、学童保育所（3カ所）

所 在 地：千葉県野田市山崎1952

年　　商：5億1,510万円

［成長の軌跡］

2006年4月	前身となるNPO法人野田市どろんこの会を設立（千葉県野田市）
同	南部第二学童保育所を開設（千葉県野田市）
2011年4月	南部第三学童保育所を開設（千葉県野田市）
2011年9月	社会福祉法人すくすくどろんこの会を設立（NPO法人の事業を承継）
2012年4月	すくすく保育園（本園）を開設（千葉県野田市）
2014年4月	小倉すくすく保育園を開設（千葉県印西市）
2016年4月	すくすく保育園分園を開設（千葉県野田市）
2017年7月	ドリームトライ塚本園の事業を承継（大阪市淀川区）
2017年9月	そらまめ保育園の事業を承継（大阪市東成区）
同	すすむ学園（認可外保育施設）の事業を承継（埼玉県春日部市）
同	すすむ学園児童クラブ（学童保育所）の事業を承継（埼玉県春日部市）
2018年4月	よしかわ杜の保育園を開設（埼玉県吉川市）
同	かすかべ杜の保育園を開設（すすむ学園の認可化）
2019年4月	かぐろ杜の保育園を開設（千葉県印西市）
同	かわぐち杜の保育園を開設（埼玉県川口市）

1 建設関係のサラリーマンからの転身

(1)「どろんこ」で遊ぶ保育がコンセプト

　東京郊外に位置する千葉県野田市の私鉄駅前の住宅地に、社会福祉法人すくすくどろんこの会のすくすく保育園本園はある。敷地面積は決して広いとはいえないが、園庭は半分が砂場になっており、残りの半分は地面そのままだ。天気の良い日には、園児たちは文字どおり「どろんこ」になって遊ぶ。門から玄関への通路にはゴムタイルを敷いており、園児がけがをしにくい工夫がなされている。雨の日でも子供たちが走り回ることができるように、保育室もクラスごとの間仕切りを設けず、広い空間を確保している。

　現在、すくすくどろんこの会は、この本園を含めて九つの保育園を運営しており、合わせて500人を超える児童が通っている。学童保育所も3カ所運営する。保育方針は、「子どもは子どもらしく」「生きる力を育てる」だ。最近は、英語や算数など、幼児教育の充実をアピールする幼稚園や保育園が増えているという。そうした方針も一つの考え方ではあるが、当園はむしろ、どろんこだらけになるような保育を前面に出すことで、ほかの園との差別化を図っている。

　また、給食のメニューは基本的に全園共通で、分子栄養学に精通した管理栄養士が一括して作成する。多種多彩な食材を使ったり、地元の食材を使ったりと、食育にも力を入れる。統轄看護師が全園の健康管理体制を統轄し、感染症対策や食中毒対策などを徹底させている。こうしたコンセプトは、保護者に対するだけではない。保育士やほかのスタッフを採用する際のアピールポイントにもなっている。

どろんこになって遊ぶ子どもたち

(2) 園長経験者をスカウトして開園

　理事長の綿貫善弘さんは、もともと保育園とは縁のない仕事をしていた。建設関係の会社に長年勤務した後、地元の野田市で建築コンサルタントとして独立。体育館の屋根の鉄骨詳細設計など、大規模建築物の部分設計を専門とするエンジニアであった。

　綿貫さんが、保育関連の仕事に就くきっかけとなったのは、2006年に学童保育所を開いたことだ。そのころ、自身の子どもが通っていた市営の学童保育所の運営を、民間委託するという話がもち上がっていた。運営方法が変わるかもしれないという不安とともに、もともと手狭な施設に不満もあった。そこで思い切って、地域の人たちとともにNPO法人を立ち上げ、自分たちで新しい学童保育所の運営を始めたのだった。未就学児を預かる保育園と比べて手間がかからず、保育時間も短いため、スタッフは数人の経験者がいれば問題なく、当初からスムーズに運営を進めることができたという。

開園後は、より良い学童保育所にすることを目指して、所管する市役所の担当者と頻繁に連絡を取り合い、運営に関する情報を交換していた。そうするうちに、保育園を設立できないかとの強い働きかけが来るようになった。東京のベッドタウンでもある野田市では、保育園が慢性的に不足していたためだ。綿貫さんは、出身地である地元の役に立ちたいとの思いで、保育園をつくることを決意した。2011年9月に運営母体となる社会福祉法人を設立して準備を進めていった。

　保育園の運営は、学童保育所とは大きく異なる。中心となって管理をしてくれる人材が不可欠だった。そこで綿貫さんは、市役所の担当者や保育用品のセールス担当者などから情報を集めた。その結果、定年退職していた保育園の園長経験者をみつけ、現場の運営責任者として園長に就任してもらった。保育士などのスタッフはハローワークや求人情報誌を通じて募集した。幸い、当時は現在ほど保育士不足が深刻ではなく、一定の経験のあるスタッフを約20人、予定通りそろえることができた。経験豊富な園長のもと、2012年春には無事最初の保育園の開園にこぎつけた。

2 情報収集が事業拡大の鍵

(1) 自治体のニーズにすばやく応える

　最初の保育園の運営が軌道に乗るにつれて、綿貫さんは複数の保育園をもつことを考えるようになった。認可保育園は国や地方自治体の負担金と地方自治体が定める保育料で運営されているため、自ら収入を増やすことは難しい。事業として継続していくには、コス

すくすく保育園本園

トダウンが欠かせない。保育園の運営にも、一定の規模の利益が働く。例えば、給食メニューづくりや、健康管理体制の構築などは、複数の園をまとめて行えば効率的である。教材や備品の購入も、量が多いほうが有利となる。ただ、新しく保育園をつくるには多くの資金がかかる。保育園は全国的に不足しており、地方自治体から設立のための補助金が用意されることも多いが、毎年度枠があるわけではない。綿貫さんは、近くの自治体で保育園設立への補助金がないか、常に情報を収集することを心がけていた。

　するとあるとき、保育用品のセールス担当者から、もともと保育園設立を予定していた事業所が、事情があって急にプロジェクトを延期したという話がもたらされた。場所は人口が急増している千葉県印西市で、市の担当者も困っているという。本園から車で1時間と少し遠いが、保育園運営のノウハウも蓄積してきていたので、両立できるだろう。そう考えた綿貫さんは、すぐに市役所を訪ねた。補

本園の広々とした保育室

助金支給の条件は、もともとの予定である2014年4月に開園すること。残った時間は1年ほどしかなかったが、大急ぎで用地と建物を準備し、スタッフの協力のもと無事に第2の保育園を開くことができた。

（2）引退するオーナー経営者から引き継ぎ

　民間保育園の多くが経営形態としては中小企業であり、ほかの業種と同様に後継者問題に悩んでいるところも多い。保育園への需要が大きい都市部でも、後継者となる親族がいないため閉園を考えるオーナー経営者もいるという。一方、今通っている園児たち、あるいは将来の園児たちのために、やはり廃業は避けたい。これは、経営者だけではなく、スタッフ、保護者、地方自治体担当者にも共通した思いだ。

　そこで綿貫さんは、経営者が引退を考えているという噂を聞くた

びに、直接訪問して園を引き受けたいと訴えた。2017年、そうしたオーナー経営者たちから保育園3園と学童保育所1カ所を引き継いだことで、すくすくどろんこの会は一気に園の数を増やした。既存の施設をそのまま活用できるため新設よりも少ない費用で開園できる。継続して働きたいというスタッフの雇用も、そのまま維持することができた。

　ただ、たんに事業を承継すればよいとは考えていない。給食を統一メニューに変更することで効率化したり、施設を当園のコンセプトに合ったものに徐々に改修したりと、さまざまな工夫を行っている。認可外保育園を引き継いだケースでは、認可保育園に変更することで、サービスの向上も図っている。

3 将来を見据えた事業戦略

(1) 多園化に対応した人材育成

　多園化を進めるには、それぞれの園長と保育士の確保が欠かせない。綿貫さんは開園当初から、長期的戦略のもとに自分自身を含めた人材育成に取り組んできた。開園後は建築設計の仕事を縮小してベテラン園長のもとで園の運営について学び、2番目の園は綿貫さん自身が現場の運営を担当した。地方自治体が開く法律や経営に関する講演会や、地域の保育園園長の交流会などにも積極的に参加し、最新の情報の収集に進めるとともに、保育園経営者としてのスキルアップに努めた。その後、一緒に指導を受けた妻が、すくすく保育園本園の園長を務めるようになった。また、もともと保育士として採用した人のなかから、通算経験10年以上でやる気のある人を抜

給食の例

擢して教育し、新たに園長を任せることもできるようになった。

　保育士は、最近では以前と比べて中途採用が難しくなっている。そこで、保育士の定着率を高めるために、初任給を相場より高めに設定したほか、休暇制度を改善し、働きやすい職場づくりを目指してきた。こうした取り組みの結果、最近では新卒の採用も毎年できるようになった。保育士に長年勤めてもらうことで園独自のノウハウの蓄積も容易になり、リーダーとなる人も出てくるようになった。そのなかから園長を任せられる人も育ってきたという。

(2) 近隣で複数園を運営

　すくすくどろんこの会は、2016年に本園のすぐ近くに分園を、2019年には印西市にもう一つの園を開設した。いずれも市役所の担当者からの要請があったものだが、意識的に比較的近い場所に複数の園を設けるようにしているのは、綿貫さんの戦略でもある。

一つは、採用や人材育成に有利なことだ。正式な開園前に、近隣の園で雇用して研修を行うことで、当園の保育方針を理解してもらい、開園時からスムーズな運営が可能になる。開園後しばらくの慣れない時期に、他園からの応援を出すことも容易となった。また、スタッフのやりくりが容易になり、休暇も取得しやすくなった。

　もう一つは、長期的な事業継続のためである。今のところ、東京近郊での保育園に対する需要は大きい。人材難といった課題もあるものの、好調な業界といってよいだろう。しかし、数十年先まで見越せば、保育園経営は必ずしも安泰ではないかもしれない。少子化のさらなる進行や地域住民の年齢構成の変化によって、保育園の需要が今後減っていく可能性もあるからだ。その場合、同じ市内に複数園あれば、統合などによって市場縮小にも対応しやすいだろう。

　現在、綿貫さんのお子さんもスタッフとして働いており、いずれは事業を引き継いでいきたいと考えているそうだ。業界の需要拡大に乗るだけではなく、長期的視野に立った経営を行っていることも、注目に値するのではないだろうか。

（深沼　光）

急成長のカギ

・「どろんこ」になって遊ぶ保育、地元の食材を使った給食による食育などで、保育園の独自性を明確化。
・未経験分野での開業のため、最初の園の運営はスカウトしたベテランの園長経験者に依頼。その指導のもとで、次々に園長を育成。
・地方自治体、保育用品のセールス担当者、地域の保育園園長などから積極的に情報収集。
・働きやすい職場づくりと比較的近い場所への複数園展開で、計画的に保育士を育成。

［事例3］
新鮮な魚と丁寧な仕込みが自慢

合同会社 沖正

代表取締役　吉田 大作(よしだ だいさく)

［企業概要］

創　　業：2008年

従業者数：125人（役員・正社員25人、パート・アルバイト100人）

事業内容：回転ずし店（3カ所）、居酒屋、すしレストラン

所 在 地：埼玉県吉川市中野53-1

年　　商：3億5,600万円

［成長の軌跡］

2008年9月	同社設立（千葉県松戸市）
同	江戸前回転寿司 沖寿司 松戸店を開店（千葉県松戸市）
2010年7月	江戸前回転寿司 沖寿司 吉川店を開店（埼玉県吉川市）
	同店に本社移転
2011年7月	江戸前回転寿司 沖寿司 越谷店を開店（埼玉県越谷市）
2015年3月	海鮮すし居酒屋 沖ちゃんを開店（埼玉県越谷市）
2018年4月	海鮮寿司レストラン 沖ちゃん 久喜店を開店（埼玉県久喜市）

1 修業先の店舗を譲り受けて開業

(1) すし店の多店舗展開で成長

　埼玉県の南東部に位置する東京のベッドタウン越谷市に合同会社沖正の4号店、海鮮すし居酒屋沖ちゃんはある。東武スカイツリーライン越谷駅の目の前に、2015年3月にオープンした店だ。50席あまりの店舗内には、多彩なメニューが掲示されている。新鮮な魚を丁寧に仕込んだにぎりずしが看板料理だ。産地直送の蓄養まぐろは、すしや刺身だけではなく、カマ焼き、ヒレのから揚げ、テールカツなど、あらゆる部位を余すことなく使った料理で提供される。居酒屋スタイルだが家族連れもターゲットとしており、2018年7月からは全面禁煙にしている。近隣の居酒屋ではめずらしいそうだ。

　同社は、2008年9月、正社員1人、パート・アルバイト10人の回転ずし店としてスタートした。味の差別化で独自路線を進みつつ多店舗化を進め、約10年で正社員25人、パート・アルバイト100人、運営する店舗は5店舗にまで成長した。代表者の吉田大作さんは沖縄出身だ。そのため、店にはいずれも故郷にちなんだ「沖」の字が入る。

(2) 同郷の経営者が支援

　吉田さんは、沖縄の高校卒業後の1995年にすし職人を目指して19歳で上京した。最初に修業した店は回転ずしチェーン店で、社長は同じ沖縄出身。この同郷の社長との出会いが、のちに事業を進めていく際に大きな助けとなった。吉田さんは、そこで3年勤務した後、キャリアアップのためにほかのすし店に移り修業を続けた。

海鮮すし居酒屋 沖ちゃん

シャリづくりやネタの仕込みを学び、カウンターで接客を行いながらすしを握る経験も積んだ。十数年の修業を続け、30歳代になった吉田さんは開業を意識し始める。目指したかったのは、手頃な価格でおいしいすしを提供できる店だった。そうした思いを最初の修業先の社長に相談したところ、チェーン店のうち東京近郊の千葉県松戸市の幹線道路沿いにある店舗を引き受けないかという話になった。従業員もそのまま移籍することになったが、違う店であることをアピールするため、屋号は変更し、2008年9月、江戸前回転寿司沖寿司松戸店はオープンした。

2 異なる形態を組み合わせる

(1) 次々に事業を承継

　1号店が軌道に乗り始めた2010年、新規出店による規模拡大を模索していた吉田さんは再び修業先の社長を訪ねた。すると、近々

海鮮すし居酒屋 沖ちゃんの店内

引退して沖縄に戻ることを考えており、営業中の店舗の引き継ぎ先を探しているという。相談の結果、1号店から比較的近い埼玉県吉川市の店舗を2010年7月に、続いて2011年7月には埼玉県越谷市の店舗を引き継ぎ、それぞれ、江戸前回転寿司沖寿司吉川店、江戸前回転寿司沖寿司越谷店として新装オープンした。ともにロードサイド型の店舗で、それぞれ車で1時間もあれば往復できる距離にある。

　新たな物件を回転ずし店として開店するには、建物の改装が必要だ。従業員の募集と教育も新たに行わなければならない。3店舗目までは、店舗とスタッフをそのまま引き継ぐことで、初期投資を抑えて順調にスタートを切ることができた。ただ、こうした事業承継による開業は、必ずしもメリットだけがあるわけではない。実際、引き継いだ店の以前の業績は、それほど良いものではなかったそうだ。では、同社はどのような戦略をとって業績を改善させていったのだろうか。

丁寧な仕込み

(2) 店のコンセプトを変化させる

　最初の戦略は、味の差別化による店舗のポジショニングだった。吉田さんは修業時代、魚をさばいたり下味を付けたりといった仕込みを、丁寧に時間をかけて行うことの大切さをたたき込まれた。回転ずし店では、大勢の客を相手に低価格で素早くすしを提供することがビジネスの柱となるため、効率化のために仕込みにはあまり手間をかけないことが多いそうだ。引き継ぎ前の店舗や、近隣の回転ずし店の多くは、そのようなスタイルだった。そこで、吉田さんが目指したのが、丁寧な仕込みを行うことで、ほかの店との差別化を図ることだった。値段は少し高くなるものの、よりおいしいすしを気軽に入ることのできる回転ずし店で提供すれば、お客は集まると考えたのだ。

　すしネタの仕入れ先でも特色を打ち出した。店舗を譲り受けた際に、仕入れ先はすべて変更した。自分自身で市場を回り、納得のい

水揚げされただてまぐろ

く仲卸業者を選んだ。現在は、店舗に近い松戸の南部市場と、さまざまな種類の新鮮な魚が全国から集まる東京の豊洲市場から、主に仕入れをしている。さらにマグロは、愛媛県宇和島市で蓄養される「だてまぐろ」を選んだ。吉田さんは現地に足を運び、マグロの味を引き立てるしめ方や餌へのこだわりに魅せられて仕入れることを決めた。だてまぐろは水揚げから48時間以内に、1本そのまま店に届けられ、新鮮な状態でお客に提供される。同社で一番の人気食材となった。

　同社の成長につながった二つ目の戦略は、回転ずし以外の形態への展開だ。冒頭で紹介した4号店は、海鮮すし居酒屋だ。すしだけではなく、ほかの海鮮料理やお酒も味わってもらおうと、不動産会社で駅前にある貸店舗を探し、今の場所を見つけた。2018年4月に埼玉県久喜市に開店した5号店は、海鮮寿司レストランと銘打った。この店舗は、常連客から空き店舗を紹介されたもので、駅からも

近い住宅街にある。

　こうした異なる形態の店舗展開は、事業の効率化につながっている。回転ずし店では、魚の頭や尾の身を使った料理はあまり提供されることはない。新鮮な魚を一本で買っても、回転ずし店だけでは廃棄せざるを得ない部位が出てくる。一方で、居酒屋や海鮮レストランでは、これらの部位を使った、お酒のつまみとなるような料理を提供しやすい。捨てるはずのものを活用できることで、結果として利益率の向上につながるのだ。

　比較的近い地域での多店舗展開は、従業員のやりくりにもメリットがあった。従業員には主婦のパートや学生アルバイトが多い。出勤可能な曜日や時間帯はさまざまであるうえ、子どもの病気や就職活動などのために、急にシフトの変更が必要になることも多い。隣の店舗へは電車でも数十分以内に移動することが可能であるため、従業員が足りなくなっても、ほかの店から応援を出すことができるのである。

3 人材育成でさらなる成長を目指す

(1) 従業員の自主性を尊重

　各店のコアとなるすし職人は、修業時代の人脈を通じて、頼りになる経験者を集めた。ただ、接客の現場は約100人のパート・アルバイトや、若手正社員が中心となって担うことになる。吉田さんは、店舗数を増やす際に苦労した点として、そうした経験の少ない人材の育成を挙げた。逆に、それに成功したことが、同社の成長を支えたともいえる。その際、二つの工夫をしたそうだ。一つ目は従

業員が委縮しない環境整備、二つ目は分かりやすさを重視したマニュアルの作成である。

　同社では当初、経験豊富なベテランにパート・アルバイトや若手正社員の研修を任せていた。しかし、圧倒的に技術やノウハウに差があることから、若い従業員はどうしても委縮しがちだった。ベテランも、どう指導したらよいのか迷うことが多かったそうだ。そこで吉田さんは、新人には少し前に入った人が指導をする、その人は何年か上の先輩が面倒をみるといったように、比較的経験に差の少ない従業員がペアを組む体制に変更した。これが意外にうまくいった。指導者は、少し前に自分が経験したことを思い出しながら、わかりやすく説明することができる。指導を受ける従業員も、知らないことを遠慮せずに聞きやすい。入ってすぐにやめる人はほとんどいなくなった。働きやすい職場という評判が広がり、学生アルバイトの確保も容易になったばかりでなく、これまでに5人が卒業後にそのまま正社員として入社した。

　各店舗に導入したマニュアルは、分かりやすさを重視して、従業員が主体的に更新していくことにした。自分自身の失敗を踏まえて、失敗しないようにするには、どのようなマニュアルが必要かを自主的に考えてもらうのだ。これが、従業員の人間的な成長にもつながっているという。

　吉田さんは、各店舗の自主性を強めることが今後の課題だと考えている。複数の店舗の詳細な運営にすべて関与し続けることは難しいからだ。幸いにも、経験を積んだ店長が育ってきており、店舗運営を委ねることが多くなってきている。商工会・商工会議所が主催する税務や接客に関するセミナー、本や雑誌で案内されていた経営

に関する講演会に、吉田さんは積極的に参加してきた。数年前からは店長や店長候補の正社員も参加させ、各自のマネジメント能力の向上をサポートしている。

(2)「謙虚さ」と「お客様を幸せに」がモットー

　同社は、今までの方針どおり、既存の店舗からあまり離れていない地域でのビジネス拡大を模索している。食材のより効率的な使用のために、居酒屋とすしレストランを２店舗ずつ増やし、回転ずし店、居酒屋、すしレストランがそれぞれ３店舗の体制にすることが、当面の目標だそうだ。

　吉田さんは、「謙虚さ」と「お客様を幸せに」という二つの経営理念を開業当初から掲げてきた。これまでの店づくりは、まさにこの理念を体現したものといえよう。これからも、おいしい海鮮料理を手軽に味わえる場の提供に努めていきたいと語ってくれた。

（田中 義孝）

急成長のカギ

・引き継いだ店のコンセプトを変化させ、厳選された素材と丁寧な仕込みで、近隣のライバル店と差別化。
・異なる形態の店舗を近い距離に出店することで、食材の効率的な活用を図るとともに、従業員を柔軟に融通。
・従業員の自主性の尊重をベースに、職場環境づくりとマニュアルの整備による人材育成を推進。
・商工会・商工会議所などのセミナーに、経営者だけではなく、店長や店長候補が参加して、マネジメント能力を向上。

［事例4］
地元農家とのつながりを生かし多店舗化多角化

株式会社 エマリコくにたち
代表取締役　菱沼 勇介（ひしぬま　ゆうすけ）

［企業概要］

創　　業：2011年

従業者数：60人（役員・正社員18人、パート・アルバイト42人）

事業内容：野菜小売業（店舗3カ所）、野菜卸売業、ワインバル、ビアパブ、ビストロ、地域アンテナショップ運営のコンサルティング受託

所 在 地：東京都国立市中1丁目1-1

年　　商：2億1,400万円

［成長の軌跡］

2011年4月	同社設立（東京都国立市）
2011年7月	くにたち野菜 しゅんかしゅんかを開店（東京都国立市）
2012年5月	ワインバル くにたち村酒場を開店（東京都国立市）
2012年9月	にしこくマルシェ しゅんかしゅんかを開店（東京都国分寺市）
2013年9月	卸売事業を開始
2014年4月	地元農家のとれたて野菜 のーかるを開店（東京都立川市）
2016年7月	多摩やさい しゅんかしゅんかを開店（東京都多摩市）（テナントビル閉鎖により現在は撤退）
2017年4月	信濃大町アルプスプラザの運営のコンサルティング受託（東京都立川市）
2017年7月	ビアパブ CRAFT！KUNITA-CHIKA を開店（東京都国立市）
2018年5月	卸売事業の東京都区部への進出
2018年6月	ビストロ 東京野菜キッチン SCOP を開店（東京都港区）

1 地場の農産物に着目した開業

(1) 地産地消がコンセプト

東京駅から電車で約1時間、東京郊外の多摩地域に位置する国立市で、地場農産物の直売所、くにたち野菜しゅんかしゅんかは営業している。JR中央線国立駅のすぐそばだ。店内には「のらぼう菜」「小玉スイカ」など地元特産の農産物や、「蛇瓜(へびうり)」のような大手のスーパーマーケットでは見られないめずらしい野菜が並んでいる。

この店を運営している株式会社エマリコくにたちは、2011年の創業以来、多角化多店舗化を進めてきた。現在同社は、農産物直売事業に加えて、ワインバルやビアパブなどの飲食事業、スーパーマーケットや百貨店への卸売事業、さらには運営受託・コンサルティング事業にビジネスを拡大している。創業時に社長の菱沼勇介さんと妻、学生サークル時代の後輩の3人、小売店舗1件でスタートした。現在は、役員・正社員18人を含めて従業員が60人、農産物直売所と飲食店をそれぞれ3件運営するまでになっている。

このような幅広い事業の根幹をなすコンセプトは地産地消だ。社長の菱沼さんによれば、東京の農家は、規模の小さい畑で丁寧に農産物を育てるため品質が高い農産物をつくるところが多いそうだ。知名度は低く生産量は少ないものの、伝統的な農産物も数多く栽培されている。一方、多くのスーパーマーケットでは、季節を問わずさまざまな種類の農産物を販売するため、卸売業者も欠品を起こさないよう遠方の産地のものを大ロットで調達していることが多い。物量が豊富なのはよいが、どうしても鮮度は低下してしまう。地場

くにたち野菜 しゅんかしゅんか

の新鮮な農産物を毎日集荷して消費者に提供できないか。そうした考えのもとで、同社は事業をスタートした。

(2) 大学時代の問題意識を起業につなげる

　菱沼さんは、国立市にある一橋大学の卒業生だ。学生時代から、地域の課題を解決するにはどうすればよいのかという問題意識をもっていた。2年生のとき、まちづくりをテーマにした授業で商店街の空き店舗にカフェを開店するプランを提案し、商店街や市役所の人たちと意見交換を重ねて、1年かけて開店にこぎつけた。カフェの運営は、自ら立ち上げたサークルで引き受けた。この経験から、いずれは自分自身で地域の課題を解決するビジネスをしたいという気持ちが高まっていった。

　卒業後は、まちづくりを実際に経験するために不動産会社に就職し、その後自分でビジネスを立ち上げる能力を磨こうと、コンサルティング会社に転職した。そして2010年、学生時代からの知り合

いに誘われて、学校給食用に地場の農産物を納入しているNPO法人で働き始めたのである。そこで農業を通じた地域活性化に関心をもったことが、2011年4月のエマリコくにたちの創業につながったのだった。

2 成長に向けて地域の情報収集を収集

(1) 東京の農家の課題を解決

　菱沼さんによると、東京の農家は地方の農家と異なる特徴と課題を抱えているそうだ。一つ目は、東京ではJAを通すのではなく、農家が個別に小売店や卸売業者に農産物を搬入することが多いということだ。農家は、取引に伴う書類作成や価格交渉を、自分でしなければならない。また、農家同士の交流が希薄になり、販路や栽培に関する情報の交換がうまくいかなくなりがちである。二つ目には、農家が生産する作物が多種多様であることが挙げられる。近年は、小売店の要求ロットが大きくなり、少量多品種生産の東京の農家は対応しにくい流通構造になっている。三つ目は、家族のなかに勤め人がいたり、不動産賃貸を行っていたりする兼業農家が多い点である。別に安定した収入があるにもかかわらず農業を続けているということは、こだわりをもった意欲のある農家ということだろう。リスクを取って新しい作物にチャレンジできる環境にあるともいえる。

　同社は、こうした農家の特徴に着目した事業を展開することで、新たなマーケットをつくりあげている。直売所のビジネスモデルは、販路開拓に困っている農家から直接農産物を集荷して、地元の新鮮な農産物に対するニーズが強い消費者に販売するというもの

ワインバル くにたち村酒場

だ。集荷は1日2回。朝7時ごろと正午ごろに、直売所から車で20分圏内の農家に出向く。その日に採れた農産物は、たとえ少量であってもすべて買い取る。集荷の際には、直売所での売れ行きから予想される消費者のニーズを農家に伝え、作付けや収穫のスケジュールの参考にしてもらうとともに、今は栽培していないめずらしい品種について尋ねるなど、お互いの売り上げアップに向けた情報交換も欠かさない。店頭には、少ない時期でも30種類以上の旬の農産物が並べられ、当日集荷した農産物は原則としてその日のうちに売り切る。消費者は、その日の朝に地元で採れた農産物を味わうことができるのだ。新鮮さとユニークな品ぞろえを求めて、直売所には近隣の飲食店のシェフもやってくる。

　農家にとっては、自身で独自では難しかった販路の拡大が可能になり、さらに出荷に伴う煩雑な事務作業も回避できる恩恵に預かれる。また、新たな種類の農産物の生産に挑戦する場合、実際に売れるかどうかはわからないこと、栽培に失敗する可能性があることを

考えると、最初は少ない量の作付けで試してみることになる。ただ、少量では通常の販売ルートには乗りにくい。要求ロットに足りないため、収穫しても廃棄せざるをえないケースもあるそうだ。同社では、そうした試作品の農産物も、積極的に買い取ることで、店頭の品ぞろえの幅を広げているのだ。もちろん、売れ行きの情報は農家にフィードバックされ、今後の栽培品種の選択に役立てられる。このように、農家の課題の解決に努めることで、同社は新たな取引先農家を増やしていった。

(2) 計画的な多店舗化と供給網の構築

　最初の直売所を開いた後、同社は多店舗化と多角化で成長を続けてきた。2012年9月にはJR国立駅の東隣の西国分寺駅前、2014年4月には西隣で多摩地域の中心である立川駅前に、それぞれ農産物直売所を出店した。地元の野菜や果物自体にあまり興味がない人にも地場の農産物を味わってもらいたいとの思いから飲食事業にも進出した。2012年5月に国立駅前の商業ビルの地下でワインバルを、2017年7月には同じフロアにビアパブをオープンした。東京で採れる農産物を都心でも味わってもらいたいと、2018年6月には周囲に高級ホテルが立ち並ぶ港区赤坂にもビストロをオープンした。これら飲食事業は、現在同社の収益の柱になっている。

　2013年9月には、日頃から経営についていろいろと相談していた地元の信用金庫の紹介で、地元スーパーマーケットに対する卸売りも始めた。地元の農産物を販売するコーナーを設けるスーパーマーケットは増えている。ただ、新たにコーナーを設けようとしても、仕入れルートをもたないところもある。そうしたスーパーマー

赤坂のビストロ 東京野菜キッチン SCOP で味わえる料理

ケットと地元農家とを、直売店部門で構築していた独自の流通網を生かして結びつけたのだ。卸売事業は、少しずつではあるが取引先を拡大しており、2018年には東京都心の小売店や飲食店への配送も開始している。地元金融機関と積極的な情報交換を行っていたことが、成長に寄与したともいえるだろう。

さらに同社は、駅前型農産物直売店の経営ノウハウを生かし、運営受託・コンサルティング事業にも進出した。2017年4月には、長野県大町市が立川市で開いたアンテナショップの運営のコンサルティングも受託している。

多角化多店舗化に必要となるのは、経営規模の拡大に見合う取引先農家の拡大だ。同社は、既存の取引先の紹介を通じて新たな農家を開拓していった。NPO法人時代に付き合いのあった10件ほどでスタートした取引先農家は、店舗網の拡大と並行して増え続け、現在では約100件に至っている。その多くが、既存の取引先から同社

の話を聞いて、その農家を通じて新規取引を依頼してきたところだ。十分な仕入れ量が確保できず困っていたときに、スタッフが集荷に行った農家に「近所でつくっているところはないか」と尋ね、紹介してもらったこともあった。

このように取引先は口コミで次々と拡大していったが、紹介されたすべての農家と取引を始めたわけではない。新鮮さを保ち、物流コストを抑えるために、直売所から離れたところからの集荷はほとんど行わないのだ。集荷には自動車4台で回っている。集荷先数は1台当たりおよそ20件から30件で、直売所から車で20分圏内のルートを設定している。

3 コンセプトに根差した採用と経営戦略

(1) 人脈を生かした人材確保

多角化を進め営業規模を拡大するに当たり、それぞれの分野で求められる能力をもった専門人材と、規模に見合った人数のスタッフの採用は必要不可欠である。現在も経営の中心は創業メンバーでもある3人の役員だが、飲食業の開業に当たっては、地元の人の紹介で店長経験もあるベテランシェフを雇用したほか、料理学校を通じて若手の調理師を募集した。

現在の従業員は、知人や既存の従業員からの紹介が多いそうだ。地産地消というコンセプトを前面に打ち出していることに共感する若い人が入社を希望してくるため、今のところ規模拡大に合わせた人材確保はできている。経営側と従業員がコンセプトを共有しているため、ミスマッチが生じにくいそうだ。菱沼さんが学生時代にカ

フェの運営に携わったサークルは、後輩が引き継ぎ、現在も続いている。地域づくりに興味がある人が集まっていることもあり、サークルに所属する学生や、その知り合いがアルバイトにやってくることも多い。地域への貢献の意味を込め、母校以外も含めた大学生のインターンシップにも応じている。これまでに、8大学11人を受け入れた。こうしたアルバイトやインターンシップをきっかけに、卒業後に正社員として入社してきた人もいるそうだ。

(2) さらなる成長を目指して

　同社は2011年の開業以来、ほぼ毎年新規店舗の開店や新業種への進出を進めてきた。次の目標は現在の営業エリアから比較的近い地域での直売店の開設だ。せっかく紹介を受けたのに、集荷ルートから外れていたために取引を断らざるをえなかった農家もあり、潜在的な仕入れ先も多いとにらんでいる。最終的には、集荷範囲を東京都の全市町村に広げ、東京で採れる農産物の地産地消を進めていくことが目標だという。

　社名のエマリコは「縁」「街」「利益」「貢献」の頭文字から名付けられた。地元の新鮮な農産物を地元の人に届けたいという菱沼さんの思いが、創業によって新たな市場をつくり出し、その後の成長にもつながっているのであろう。

（田中 義孝）

急成長のカギ

・販路開拓に困っている農家から直接農産物を集荷し、地元農産物へのニーズが強い消費者に販売する新たなビジネスモデルを構築。
・新鮮な地元農産物の提供というコンセプトを前面に押し出し、直売所を次々に出店。さらに、同じコンセプトで飲食業に多角化。
・地元の金融機関との密接な連携により情報を得て、農家と地元スーパーマーケットをつなぐ。
・知人や既存の従業員からの紹介を通して、自社のコンセプトに共感し、共に働くことのできる人材を集める。

［事例5］
最先端の技術でアニメーション業界に新しい風を

株式会社 サブリメイション
代表取締役　小石川 淳（こいしかわ あつし）

［企業概要］

創　　業：2011年

従業者数：76人（役員・正社員76人）
　　　　　※このほか、専属のフリーランス制作スタッフ32人

事業内容：3次元コンピューターグラフィックアニメーション制作
　　　　　（スタジオ3カ所）

所 在 地：東京都国立市東1丁目4-15 国立KTビル4F

年　　商：3億2,200万円

［成長の軌跡］
2011年7月　同社設立（東京都国分寺市）
2013年7月　東京スタジオを開設（東京都武蔵野市）
2014年2月　専門学校での授業を開始
2016年12月　名古屋スタジオを開設（名古屋市昭和区）
2017年4月　仙台スタジオを開設（仙台市青葉区）
2018年9月　東京スタジオを東京都国立市に移転
　　同　　大手アニメーション制作会社と業務提携
2019年5月　名古屋第2スタジオを開設（名古屋市天白区）

1 アニメーションの新しい表現

(1) 手描きに見えるコンピューターグラフィック

　株式会社サブリメイションは、東京、名古屋、仙台にスタジオを展開するアニメーション制作会社である。テレビシリーズや映画で流れる映像のうち、3DCG（3次元コンピューターグラフィック）を使う部分を手がける。主な受注先は、企画、脚本、絵コンテから音声収録といった映像が完成するまでの全工程を管理する元請け制作会社である。同社は、キャラクター、メカ、背景などのデザインや各シーンの絵コンテをもとに、コンピューター上で立体的なCGを作成する。それらを組み合わせ、動きをつけて映像にしていくのだ。

　日本のアニメーション制作現場では、手描きの線描画をコンピューターに取り込んで着色し、一枚一枚コマをつくっていくという方法が主流である。そのため、3DCGを素材とした映像には親しみがないファンが多い。一方、近年では3DCGを使った、炎や水、花吹雪などのリアルな動きや、現実世界でドローンを操り撮影したような多彩なカメラワークが注目され始めた。こうした表現を手描きでできる人材は少ない。

　工程を省力化できるという利点もある。例えば、一度つくったキャラクターのCGは、そのキャラクターがほかの場面で登場したときに再利用できる。登場するたびに何枚も描き直す必要がないため、人手も時間も節約できるのだ。こうしたCGの使用による効率をさらに高めるため、同社は制作に用いる市販のソフトウエアに日々独自の改良を施している。監督や演出家からの指示に素早く対

3DCG作成の画面とセルルック画像

応できる点が重宝され、今では多くの元請け制作会社から引っ張りだこになっているという。

　同社の特徴は、「手描きに見える3DCG」の制作に取り組んでいることだ。この技術は「セルルック3DCG」と呼ばれている。社長の小石川淳さんは、3DCGに対する将来の需要増を見越したうえで、手描きの映像に慣れたファンにも受け入れられる作品づくりをいち早く始めた。CGの良さを生かしつつ、手描きの素材を中心につくられた作品にも違和感なく溶け込む映像は、往年のアニメファンをもうならせる。

(2) 人材と受注を確保して創業

　小石川さんは、大手アニメーション制作会社に8年間勤め、アニメ史に残るような作品のCG制作に携わった。その後、ゲーム制作会社への転職を経て、フリーのアニメーション制作プロデューサー兼ディレクターとしてCGクリエーターチームの統括を請け負って

いた。半年ほど経ったときに、古巣の大手アニメーション制作会社から声をかけられた。相談の主はアニメーションの制作現場を管理する数名のラインプロデューサーだった。手描き部分と違ってCG制作は専門性が高く、技術革新も速い分野であるため、作業を担うCGクリエーターたちの会話についていくことに苦労していた。

そのチームにはフリーの優秀なCGクリエーターが多数所属していた。「彼らへの発注元として会社を設立し、中心となって仕事を進めてもらえないか。引き受けてくれるなら、2年間は機材、ソフトウエア、スタジオを無償で提供する」という。さらに、最初の仕事の報酬は先払いにしてくれた。小石川さんは、元同僚のCGクリエーター2人を役員に迎え、2011年7月に同社を設立。順調なスタートを切ったのだった。

2 中途採用から新卒採用に切り替え

(1) 中途採用の壁

しばらくは役員2人と外注先のフリーCGクリエーター4人の少数精鋭チームで仕事をこなしていた。2013年、自社専用のスタジオを構えたころ、大型の受注を得るチャンスがあった。そのままでは人手が足りなかったものの、過去に仕事上でつき合いのある人材を当たって社員を20人ほど、外注先を10人ほどにまで何とか増やし、この機会をものにすることができた。

しかし、2014年に入ったころには、人脈を頼りにするだけでは追いつかなくなった。ホームページや転職サイトを使って求人を始めたものの、知名度が高くなかったため応募は少なかった。採用で

きても、仕事のやり方の違いになじめず、すぐにやめてしまう人もいた。また、人手不足で売り手市場なためか、前職の給与は高いが腕前はあまり確かではないこともあった。提出作品の出来栄えを確認しても、後で本人がつくったものではないことが判明するケースもあり、採用の判断は難しかった。

　中途採用による人材確保に限界を感じた小石川さんは、専門学校卒業生の採用に方針を変えた。人材育成にかかるコストは先行投資として割り切った。リーダーとなるベテランの下に数人の新人を集めて作業チームをつくり、割り振った仕事の出来上がりに対して、ベテランが指導や手直しを行うという方法で規模拡大を目指した。

(2) 専門学校を通じてPR

　新卒採用に当たっては、学生に3DCGに対する興味をもってもらうことから始めた。最初のアプローチ先は、都内のデジタル技術専門学校だった。人手不足の悩みをかかえる3DCGアニメーション制作会社3社合同で、CG制作技術に関する講座を開いた。教壇に立つのは、各社が誇る一流のCGクリエーターである。週1回で期間は半年、約20人の学生が集まった。その後2年間で、受講者のうち4人が同社に入社した。

　小石川さんはこの取り組みを皮切りに、同社単独で講義を行う学校を増やしていった。学校の選定に当たっては、二つのポイントを意識した。一つ目は、同社と同じソフトウエアを使ってCG制作の授業を行っていることである。同社が教える内容が、ほかの授業や卒業制作などに直接役立つようにするとともに、学生とのマッチングの精度を高めるためだ。二つ目は、競合他社が少ない地域にある

専門学校での講義風景

ことである。東京には同業他社が多いため、知名度の高い会社に学生が流れてしまっていた。そこで、同業他社があまり進出しておらず、学生の数が多い地域の学校を探した。

調査を進めた結果、条件に合う学校が全国にいくつかあった。最初に選んだのは、名古屋の専門学校だった。セルルック3DCGの制作技術を教えるので、単位認定科目として扱ってもらえないか。そう相談したところ、最新の技術を教えてくれるならばと了承を得ることができた。開いたのは、週1日6時間、期間が3カ月の講座である。定員は25人。CGクリエーターを目指す学生が集まった。2015年にはCG-ARTS協会（公益財団法人画像情報教育振興協会）と連携して全国の大学や専門学校でもセミナーを開始した。

2016年には、授業と並行して学生インターンシップの受け入れも始めた。大手企業でもめずらしい1年間にわたる長期インターンシップである。実際に現場で働いてもらうことで、3DCGを使ったアニメーション制作の面白さを伝えたいと考えてのことだ。スタ

東京スタジオ

ジオにある座席の半分が学生で埋まる光景もめずらしくないというほど、同社のインターンシップは人気だ。学生が通う学校には、完成した作品のクレジットに名前が載ることをもって、卒業制作として認めてもらうといった協力も得ている。

　授業やインターンシップを通して生きたテクニックを学んだ学生のなかには、卒業後に就職先として同社を選んでくれる人も多い。同社としては、人となりや働きぶりがよくわかっているため、会社になじめるかどうか判断しやすいという利点がある。今では毎年10〜20人の新卒採用ができるようになった。

3　オリジナル作品の制作を目指す

（1）学生の地元にスタジオを新設

　同社が新卒採用に成功したのには、もう一つ理由がある。学生のなかには、同社のスタジオがある東京ではなく、地元で働きたいと

名古屋スタジオ

いう人が大勢いた。そこで、2016年12月に名古屋スタジオを、2017年4月には仙台スタジオを開設したのである。いずれの地域もデジタル技術を教える専門学校は多く、逆にアニメーション制作会社は少ないため、優秀な人材を獲得することができた。新卒を指導するためベテランのCGクリエーターを現地に送り込み、東京で受注した業務を分担して行っている。新しいスタジオは、インターンシップの拠点としても機能している。

（2）受注の幅が拡大

これまでの人材獲得策が奏功し、社員は70人を超えた。このうち3分の2が20歳代の若手で、それを40歳代のベテランが支える構成だ。生え抜きの成長により、技術の伝達のスピードは向上し、現在は新人を2年かけて戦力化するOJT体制が確立した。ベテランに代わってチームのリーダーを任せられる人材も育っている。2018年9月には、50席置いていた東京スタジオを、最大120席置

ける場所に移転。2019年5月には、名古屋に第2スタジオを開設し、事業のさらなる拡大を目指している。

　経験を積んだCGクリエーターが増えたことで、受注の幅も広がりつつある。同社初の元請け作品の制作が決まったのだ。全編にわたりセルルック3DCGでつくるといい、業界で初めての試みも含まれているそうだ。さらに、大手アニメーション制作会社との業務提携も行った。提携先は、同社のCG技術を用いて、長年愛されてきた作品やキャラクターといった知的財産の活用の場を広げる。同社としては、経験豊富な大手の企画力・制作力を吸収することで、監督、演出といった人材を社内で育てる方針だ。将来的にはオリジナル作品の制作に取り組みたいと小石川さんは語る。アニメーション制作業界に新星が誕生する。

（山崎 敦史）

急成長のカギ

・元勤務先からスタジオや設備の提供を受け、創業時の初期投資を抑えることに成功。
・手描きに見える 3DCG を用いたアニメーションの映像制作にいち早く特化して技術力を高め、他社と差別化。
・地方にもスタジオを次々に新設し、近くにある専門学校とのコラボレーションで、クリエーターとしての素養が高い人材を新卒採用。
・将来の事業拡大に向けて、戦力となるクリエーターを増やすため、新人を 2 年かけて教育する体制を確立。

[事例6]
世界で一つだけのブライダルリングをつくる

アーツアンドクラフツ 株式会社
代表取締役　宮﨑 晋之介
　　　　　　　みやざき しんのすけ

[企業概要]

創　　業：2010年

従業者数：90人（役員・正社員85人、パート・アルバイト5人）

事業内容：オーダーメード・ブライダルリング製造小売業（店舗8カ所）、
　　　　　彫金教室、野菜通販サイト、経営コンサルティング

所 在 地：東京都武蔵野市吉祥寺本町3丁目3-6（登記上本店）

年　　商：7億2,300万円

［成長の軌跡］

2010年6月	同社設立（東京都武蔵野市）
2010年8月	彫金教室 DOVE を引き継ぐ（東京都武蔵野市）
2011年11月	一般社団法人日本ジュエリークリエイターズ協会（JJCA）を設立（東京都武蔵野市）
2011年12月	野菜宅配サイト MAMA GOCORO を開始
2013年1月	経営コンサルティングを開始
2014年6月	ジュエリーショップ ith 吉祥寺店を開店（東京都武蔵野市）
2015年6月	ith 表参道店を開店（東京都渋谷区）
2015年9月	本社機能を神宮前オフィスに移転（東京都渋谷区）同オフィス内に工房を開設
2016年4月	ith 横浜元町店を開店（横浜市中区）
2016年8月	ith 柏店を開店（千葉県柏市）
2017年1月	ith 大宮店を開店（さいたま市大宮区）
2017年6月	ith 銀座店を開店（東京都中央区）
2018年5月	ith 大阪心斎橋店を開店（大阪市中央区）
2018年6月	ith 名古屋栄店を開店（名古屋市中区）
2018年8月	本社機能を広尾オフィスに移転（東京都渋谷区）

1 有名ブランドと一線を画す

(1) 隠れ家的な立地で集客

　アーツアンドクラフツ株式会社は、オーダーメード・ブライダルリングの製造販売を主力に、彫金教室、野菜通販サイトの運営、経営コンサルティング事業などを営んでいる。ブライダルリングのブランドはith（イズ）。オーダーメードの婚約指輪は1本で20万〜50万円、結婚指輪はペア2本で15万〜40万円。価格帯は一般的なジュエリーショップと変わらないようにもみえるが、社長の宮﨑晋之介さんによれば世界に一つしかないオーダーメードということを考えると、比較的手頃な価格で提供できているという。アトリエと呼ばれる店舗は、東京の表参道や銀座、横浜市の元町など首都圏のほか、大阪市や名古屋市にもある。2014年に最初の店舗を開店した後、わずか4年で全国の8カ所に展開し、ブライダルリング事業だけで70人を超える正社員を抱えるまでになった。製作した指輪は1万5,000点にのぼる。

　ithのアトリエには、二つの特徴がある。一つは、裏路地や2階以上の空中店舗など、目立たない場所に出店していることだ。立地はあまり良くないように思える。しかし、宮﨑さんによれば集客に問題はないという。それはインターネット経由でプロモーションを行っているからだ。

　2000年代に入って長らくの間、ブライダル市場で最も影響力のあった広告媒体は、結婚情報誌だったという。指輪を販売するブランドショップは、広告を何度も雑誌に掲載して名前を覚えてもら

オーダーメードリング

うよう努めた。高級感を出すため一等地に店を構え、大きな看板を掲げることが多かった。

　一方、スマートフォンの普及、フェイスブックやインスタグラムなどSNSの台頭により、特に若い人たちの間でインターネットの影響力は強まっている。同社は、こうした顧客層を狙い、既存店と差別化を図ったのだ。ホームページではオーダーメードの流れが丁寧に説明されているほか、200点を超える実際のオーダーメードリングが掲載されている。そのうち40点ほどは、デザインのコンセプトや、どこに特徴があるのかが、多くの写真とともに細かく描写されている。ホームページからリンクするインスタグラムのハッシュタグには、顧客からの投稿が多数寄せられている。これらを見て興味をもった人は、あらかじめ店舗情報を調べて来店するため、表通りの路面店である必要はない。家賃を抑えられるうえに、来店客には隠れ家的な店を見つけたとポジティブに感じてもらえているそうだ。

路地裏店の入り口

(2) ショーケースのない指輪店

　ithのアトリエのもう一つの特徴は、ショーケースがないことだ。これには来店したカップルも驚く。その代わりになるのが、約100種類用意された指輪のサンプルだ。オーダーメードであれば簡単に気に入ったデザインの指輪が手に入ると考えがちだが、実はこのデザインを決めるのが難しいという。選択肢が無限に広がっていると、かえって戸惑ってしまうのだ。そこで、初めて来店する顧客には2時間ほどかけて、できるだけ多くのサンプルを見てもらう。幅はこの指輪、輪郭はこの指輪、色はこの指輪と決めてもらいながら、全体のデザインを固めていく。指輪に対する顧客の理解を深め、イメージを具現化しやすくしたのだ。

　指輪は決して安くはないうえに、何より一生の宝物である。打ち合わせに2時間と聞いて初めは驚く顧客も、デザインが完成するころには、じっくり考えられて良かったと喜んでくれる。他人の目を

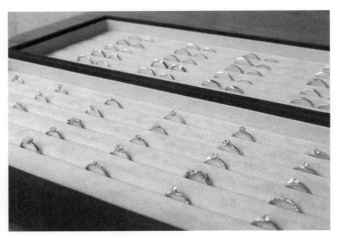

指輪のサンプル

　気にせずリラックスできるように、相談は個室で行う。そのため、来店は予約制で、指輪が出来上がるまで十分にフォローできるよう、専任の担当者を置いている。予約はインターネットで簡単にできるようにしている。

　オーダーメードを成功させるには、出来上がりに対する不安を取り除くことが欠かせない。一般的なオーダーメードでは、顧客はデザイナーが描いたデザイン画をチェックし、そのまま製作に入ることが多いという。一方、同社ではまず、安価で加工の容易な素材で試作品をつくる。製作現場にも店舗と同じサンプルが置かれており、オーダー表と照らし合わせながら作業を進める。そうしてできた試作品を顧客のイメージどおりになるまで修正したうえで、指輪の製作に取りかかる。納品の段階で修正が必要になることが少ないため、試作の手間はかかっても、工程全体では効率化が図られるという。

このようにジュエリー業界の常識にとらわれない取り組みを行う同社。実は、創業メンバー全員が、ジュエリー業界とは異なる業種のサラリーマンだった。

2 さまざまなビジネスに挑戦

(1) 経験のない分野での創業

　同社の設立は2010年10月。宮﨑さんと、かねてから一緒にビジネスを起こしたいと話をしていた小学生時代や海外留学時代からの友人3人で立ち上げた。それまで宮﨑さんは広告制作を、2人はIT業界で営業とプログラマーを、1人は経営コンサルタントを行っていた。手に取れるモノを扱う仕事ではなかったため、かえってモノづくりにあこがれていた。皆がB to Bの仕事だったため、始めるならB to Cがよいとも考えていた。独立の夢を語り合った仲間も皆30歳代半ばを迎え、それぞれが管理職経験を積んで、資金の蓄えもあった。そこで、創業の期は熟したと考え会社を設立した。

　創業して間もなく、宮﨑さんが知人の彫金教室経営者から、営業譲渡の相談を受けた。教室では、指輪やネックレスといったアクセサリーの製作を教えていた。モノづくりのきっかけを探していた宮﨑さんは彫金教室の経営を引き継ぐことにし、元経営者には校長兼講師として残ってもらった。

　彫金教室を通して宝飾品作家が一本立ちする難しさを感じたことから、その後日本ジュエリークリエイターズ協会を設立。ワーキングスペースの提供、作家と買い手をつなぐ展示会の企画といったマッチングビジネスを開始した。また、野菜の通販サイトを始めた

ほか、健康食品の通販やカフェなど多くのビジネスに挑戦した。なかには、すぐに撤退したものもあった。

なかなか事業がうまく回らない初期の頃、創業メンバーの経歴を生かして大手経営コンサルティング会社やIT会社の下請け業務で糊口をしのいでいた。いろいろと挑戦した結果、ビジネスの幅は広がり、何とか会社は維持できるようになったが、それぞれの事業の規模は小さく、宮﨑さんは成長可能性のある、核となるビジネスをさらに模索していった。

(2) オーダーメードリングの製造販売にたどり着く

こうした状況に転機が訪れたのは、1人の女性指輪職人に出会ったことだった。同社のワーキングスペースを利用しており、長い下積みを経て独立し確かな腕前をもっていたものの、商品は売れていなかった。

うまく宣伝すれば大きなビジネスになるのではないか。そう考えた宮﨑さんは、2014年6月、東京の吉祥寺に指輪をオーダーメードで製作するアトリエithをオープンした。同社がホームページやSNSによって集客を行い、職人には顧客対応と指輪製作を請け負ってもらうという形態をとった。

サラリーマン時代の経験から、ウェブ広告はお手の物だった。職人は工具を手に、訪れたカップルの希望を聞きながら、目の前で指輪をつくってみせる。リアルタイムで共につくり上げる楽しさをPRした。その評判はSNSを通じて瞬く間に広がっていった。店舗は路地裏にあるビルの2階だったにもかかわらず、6カ月目には月商が1,000万円を超えた。職人には、同社の仕事に専念してもらう

ため正社員となってもらった。その後、2015年6月に2店舗目を出店したのを皮切りに、同社は多店舗展開を進めていった。

3 成長に合わせてビジネスモデルを変える

(1) 人材確保と生産効率化

売り上げが伸びていくなかで、1人で製作するのではとても間に合わなくなった。そのとき役立ったのが、職人同士のネットワークだった。最初の職人からの紹介で、腕の良い職人を、社員として採用した。さらに、その知り合いや、日本ジュエリークリエイターズ協会でかかわりをもった人などが、次々に入社した。

ただ、職人が直接接客し、その職人が自ら商品をつくるという形態には限界があった。そこで、ジュエリー製作専門学校を出たばかりの人など職人経験のない人も積極的に採用した。併せて、販売方法も変えていくことにした。まず、店頭で完成品をつくるのではなく試作品をつくり、それをもとに納品する指輪を製作するようにした。店舗に販売専門のスタッフを配置し、デザインを話し合いながら決め、自社の工房で職人がつくる現在のスタイルを導入した。それを可能にするために編み出したのが、独自の指輪サンプルだった。最初は数十種類だったが、店頭でのニーズを踏まえて徐々に現在の100種類まで増やしていき、今の販売方法が確立していった。販売専門のスタッフにも、研修で指輪づくりの基礎を学んでもらう。デザイン、素材、加工方法などを、顧客に説明するための能力を十分に身につけるためだ。

生産をより効率的に行うため、2店舗目を開店した直後に、本社

サンプルを見ながらデザインを相談

　オフィスの隣に工房を設けた。製作も1人の職人がすべてを行うのではなく、チーフの下での分業を採用した。これによって、それぞれが得意分野の加工工程に専念できるとともに、経験の浅い職人も仕事をしながらスキルアップできる態勢が整った。
　さらに、4店舗目を出店した2016年には、加工工程の一部分を外注化し、同社の工房では最終仕上げと検品など生産管理、スピーディーな対応が必要な修正や修理を行うようにした。しかし大量生産が主流である業界の既存工場において一点物のオーダーメードという生産形態は確立するのが難しく、今でも悪戦苦闘しながら生産ネットワークを構築中だ。
　生産体制構築に力を発揮したのが、大手ジュエリーメーカーで生産部門の管理者だった人たちだ。工房の立ち上げに始まり、外注先との交渉、発注から納品までの工程管理など、幅広く活躍している。これは、1人で仕事をしていた最初の女性職人やモノづくりの

経験がなかった創業メンバーにはできない仕事であったと宮﨑さんは語る。

こうして成長に合わせて必要な人材を確保し、ビジネスモデルを変化させることで、同社は、月間400〜500本の指輪を販売するまでに規模を拡大させた。また、自社で開発した基幹システムをはじめとする独自の生産管理システムによるコストダウンを実現したことが、出店ポリシーと相まって、価格競争力にもつながったのである。

(2) 素早く柔軟な意思決定

経営のコアとなる事業を見つけるに当たり、同社はさまざまな事業にチャレンジしてきた。経営資源の選択と集中といった経営判断はどのように行ったのか。

役員である創業メンバーや事業の責任者で話し合い、危ないと感じたビジネスからはすぐ撤退するという。宮﨑さんはこの素早さと柔軟さを、脱サラならではの感覚と表現する。

もちろん、経営判断を的確に行うための情報収集には余念がない。コンサルティングの経験を生かしてライバルの出店状況や業界全体の動向を探っている。そうして得た情報をもとに、3年スパンの中期計画を立案するのだ。

また、ithに続く新たなビジネスも準備している。同社の成功要因として、近年米国で話題のD2C（Direct to Consumer）という思想がある。製造と販売を一致することで、より顧客のニーズに合う商品を提供できるというビジネスモデルは日本の製造業が目指すべき一つの答えになるのではと宮﨑さんは考えている。今後は、D2Cモデルの横展開、または他社へのD2Cコンサルティングなど

を通じて、よりモノづくりへ貢献していきたいと語る。
　彫金教室に始まり事業の多角化と多店舗化を図ってきた同社は、環境の変化に合わせて形を変えながら、さらなる飛躍を模索している。

(山崎　敦史)

急成長のカギ

・インターネットを通じた集客により、目立たない立地でも店舗展開可能なビジネスモデルを確立して他社と差別化。
・顧客に多数の指輪サンプルを提供してデザインを決め、試作を繰り返すことで、理想どおりの指輪を製作。
・職人や工程管理経験者といった専門的な技術や知識をもった人材を確保し、経営者がそれまで経験のない業種で成長。
・事業の拡大に合わせ、販売部門と生産部門の分離や生産の外注化を行うなど、組織を柔軟に改革。

［事例7］
積み重ねた技術力で成長を続ける

ホープインターナショナルワークス 株式会社
代表取締役CEO　髙村 三礼
　　　　　　　　（たかむら　みれい）

［企業概要］

創　　　業：2010年

従業者数：85人（役員・正社員50人、パート・アルバイト35人）

事業内容：洋服卸売業、洋服の仕立て直し店（3カ所）、カフェ（2カ所）

所 在 地：大阪府大阪市西区北堀江1丁目19-8 四ツ橋KMビル3F

年　　　商：26億5,251万円

［成長の軌跡］

2010年6月　同社設立（大阪市西区）

2013年7月　東京支店を開設（東京都中央区）

2016年6月　Salon du reDESIGN Closet.net 大阪堀江店を開店
　　　　　　（大阪市西区）

2018年6月　Salon du reDESIGN Closet.net そごう千葉店を開店
　　　　　　（千葉市中央区）

　　同　　　Salon du reDESIGN Closet.net 西武池袋店を開店
　　　　　　（東京都豊島区）

1 ファッション好きが集って創業

(1) 洋服の卸売業と仕立て直しが両輪

　2010年に事業をスタートしたホープインターナショナルワークス株式会社は、大阪市の中心部、西区北堀江に本社を構えるアパレル企業だ。製品サンプルが並ぶ本社オフィスの中央には、一段高くしたランウェイが設けてあり、ファッションショーのように製品のプレゼンテーションを行うことができる。事務スペースに隣接する工房はガラス張りで、スタッフが洋服のデザインや縫製をしている姿が見える。

　同社の事業は大きく二つに分けられる。一つは、国内の大手の百貨店やアパレル店から洋服の注文を受け、生産を中国や東南アジアなど海外の工場に発注するというビジネスだ。同社は製品の企画やデザインまで行うことができるところに、大きな特徴がある。取引先には大手セレクトショップや大手百貨店、大手商社が数多く名を連ね、年間60万着から70万着の洋服を中国、ベトナム、タイ、カンボジアなどの工場で生産している。

　もう一つの事業は、2016年に始めた洋服の仕立て直しだ。古いデザインの洋服の大胆リフォームを行う「次世代のお直しサービス」というコンセプトのもとで新たな市場を開拓している。洋服のお直し専門店の1号店であるSalon du reDESIGN Closet.net 大阪堀江店は、本社から南に徒歩5分ほどの西区南堀江にある。大阪の中心商店街である心斎橋筋商店街に近い、アパレル店や家具店が立ち並んでいる地域で、人通りも多い。ここでも、工房はガラス張り

Salon du reDESIGN Closet.net 大阪堀江店

で、通りから作業の様子を眺めることができるようになっている。併設されているカフェに座って、仕上がりを待つことも可能だ。

(2) 同業他社での勤務経験を生かす

　社長の髙村三礼さんは、神奈川県の大学を卒業後、1999年に老舗の繊維商社に入った。大阪には、入社後まもなく転勤でやってきた。ところが、勤め先は2003年に民事再生手続きに入る。髙村さんは事業の一部を引き継いだ新会社に移って大阪に残り、経験を積んだ。もともとファッションに興味があったことから、デザインのためにCADが使えるように勉強し、縫製に関する技術も積極的に学んだ。最終的には、企画営業チームを率いる立場になった。

　アパレルブランドの生産では、発注元が洋服のデザインを重視するあまり、製造に非常に手間のかかる仕様を提示するケースが多いという。髙村さんのようにファッションに造詣が深く、顧客からの

難しい要望にも応えられる人が、発注元と工場の情報のギャップを埋めることが重要だ。ただ、勤務先では、そうした社員が顧客対応に専念できないこともあった。自分のような企画営業に強い人たちが、その仕事に集中すれば、従来は受注できなかったような案件を取り扱えるようになるのではないか。そう考えた髙村さんは、創業を決意する。話を聞いたファッション好きの後輩２人がついてくることになった。１人は中国の大学を卒業し中国語に堪能な営業担当者、もう１人は経理と事務の経験者だった。

　勤務先からは、企画営業を代行する形で仕事の一部を引き継いだ。専門性の高い営業部隊に任せることで、勤務先にとっても業務効率化につながるため、独立の話は円満に進んだという。取引先にとっても、製品に関する知識が豊富な髙村さんがそのまま窓口になるということで、引き継ぎはスムーズに行われたそうだ。

2　業界で独自のポジションを築く

（1）企画力で競争優位を確立

　創業後しばらくは、勤務先から引き継いだ仕事が中心だったが、髙村さんの企画力の高さが注目され、徐々に新しい顧客との取引が始まった。発注先の工場の技術力を踏まえつつ、発注元にサンプルを提示しながら、仕様をどうするか検討を繰り返し、製品の企画を次々に練り上げていった。工場での試作の結果、例えばダウンジャケットから羽毛がはみ出すといった問題があれば、原因を突き止めたうえで加工方法の代替案を工場に提案した。あらゆる光沢加工を繰り返して顧客が希望する色合いを出すように試みたこともあった。

こうした取り組みの積み重ねによって、難易度の高い案件も獲得できるようになり、受注はさらに増えていった。それに従い、発注先となる海外の工場も、新しく開拓していった。
　創業から3年ほど過ぎたころ、同社は、勤務先の企画営業を代行するのではなく、顧客のオーダーを受けて海外の工場に直接発注する卸売業の形態に、ビジネスモデルを変化させた。創業メンバーには貿易実務の経験者や語学に堪能な人もいたので、海外とのやりとりに問題はなかった。元勤務先とは、創業時に引き継いだ取引はそれまで同様に営業代行するということで話をつけた。
　直接工場に発注することで、顧客のニーズと工場の現場を、より効率的に調整することが可能になった。原材料と製品の在庫負担が発生し、運転資金が追加で必要になったが、事業実績が上がってきていたため金融機関から無事に融資を受けることができた。
　効率的な製品の企画立案のための設備投資も進めた。用途に応じてさまざまなタイプのミシンを用意した。ジーンズ専用のもの、ニット生地など伸縮性のある生地に対応したもの、ポケット口など縫い目がほどけやすい箇所の補強用など、約10種類のミシンを備えている。また、CADで作成したデータをもとに短時間で洋服をつくり上げるホールガーメントと呼ばれる巨大な編み機も導入した。これらの設備を生かすことで、試作品の製作や発注先の工場で発生したトラブルなどに対して迅速に対応することが可能となったのだ。

(2) 洋服の大胆リフォームの需要を発見

　事業は軌道に乗っていたものの、競争が激しい分野ということもあり、髙村さんは関連する分野で市場の成長が見込まれるビジネス

巨大な編み機（ホールガーメント）

を模索していた。自社ブランドを立ち上げブランドショップをオープンするという多角化の方向性も考えられたが、それをすれば既存の顧客のライバルとなるため、選択肢にはしなかった。

　アパレルに関連するデータをいろいろと収集しているうちに、髙村さんが気づいたのは、一度買ったものの、流行が過ぎたために着ることがなくなった洋服を、クローゼットにしまったままにしている人が相当数いることだった。それらの服を再利用する市場を活性化することができれば、大きなビジネスになることが期待できるだろう。近年では、オンラインショップを利用した服の売買が活発に行われるようになっている。それに伴って、購入後に洋服を自分のサイズに合わせて仕立て直す人も増えているようだ。

　髙村さんによれば、洋服の仕立て直し店は多いものの、既存店舗のやり方では直せる程度が限られるという。例えば、大幅に袖を詰めたり、裾を上げたりすると、洋服全体のバランスが悪くなること

があるそうだ。補正するには、洋服を一旦分解し、新たに型紙を起こして裁断したうえで再度縫製するのがベストだが、それができる仕立て直し店は、ほとんど見当たらなかった。

　同社は、もともと洋服のデザイン企画を行っており、試作品の製作や修正のノウハウをもっている。そのノウハウを仕立て直しに応用すれば、洋服の大胆なリフォームという新たなサービスの提供が可能になる。そう考えた髙村さんは、洋服のお直し専門店を2016年6月にオープンした。

　1号店の評判は上々だった。たんにサイズを合わせるだけではなく、生地は良いもののデザインが古い洋服を最新の流行を取り入れた服にリデザインしたり、傷んでしまったお気に入りの洋服をもう一着つくったりといった、従来のお直し店ではできなかったサービスを提供したことが、口コミで広がっていった。

　新事業は業界でも評判になり、大手百貨店から売り場を提供するので首都圏に進出しないかとの誘いを受けた。それに応えて2018年6月にはJR千葉駅前とJR池袋駅前の百貨店内に、相次いで新店舗を開いた。いずれの工房もガラス張りにし、千葉店には1号店と同様、カフェを併設した。業績は好調で、現在注文が殺到しているそうだ。

3　将来を見据えた事業計画を策定

(1) 人材育成の仕組みをつくる

　髙村さんは、開業時に、10年後には年商50億円を達成するという高い目標を掲げた。その目標から逆算して、設備投資や事業展開

Salon du reDESIGN Closet.net 西武池袋店

について長期的な計画を作成した。その後も、進捗状況や市場の動向を踏まえて、毎年修正を加えてきたという。

　人材の確保と育成も、計画的に行ってきた。将来の成長を目指し、開業1年後から大学生や専門学校生の新卒採用を始めた。ホームページに採用案内を掲載し、小さな会社なので入社後すぐに洋服のデザインや企画に携わることができるということをアピールした。多数の応募者があったが、一人ひとり髙村さんが面接し、適性を見極めて採用していった。

　縫製に関する知識や技術を備えた人材や、デザイン力に優れた人材を育成する体制も整えていった。2015年に本社内にソーイングラボを設立したのは、サンプル作成や工場への技術指導をより効率的に行うためだけではなく、社員の技術力や企画力の向上をサポートする機能も期待したものだ。責任者は、同社と取引のあった中国の工場を10年以上経営していた経験をもつ人で、工程管理の専門

家であると同時に、デザインや縫製の高い技術をもっている。事情があって帰国すると聞き、ラボの所長としてスカウトしたのだ。

首都圏に仕立て直し店を２店舗出店する際には、仕立て直しのデザインを来店客と話をしながら決めていくことができるスタッフや、縫製作業を行うスタッフを大幅に増やす必要がでてきた。１号店は比較的小規模で、専属の従業員１人と本社からの応援で運営していたが、首都圏の２店舗は規模が大きく、それぞれ20人程度のスタッフが必要となったのである。事業拡大に対応するため、2018年には10人、2019年には15人の正社員を新卒採用した。若く経験の少ない社員が増えたものの、首都圏の店舗には本社から経験豊富な社員を店長として送り込むとともに、ラボの所長が各店舗を回って縫製を直接指導することで、少しずつ戦力化が進んでいるという。

(2) 次のステップを目指して新たな設備投資を計画

同社は、企画営業の代行からスタートし、ビジネスの形態を少しずつ変化させながら成長を遂げた。髙村さんと後輩の３人で始まった会社は、役員・正社員50人を含む従業員85人の企業に成長している。

現在、首都圏に出した仕立て直し店の業績が順調であることから、百貨店からの新たな出店依頼も出てきている。ただ、受注増によって、仕上がりまでやや時間がかかるようになってきた。そこで、各店舗の縫製能力を補うとともに、小ロット生産に素早く対応することができる工房を、本社近くに新設する計画を立てた。社員の研修施設としての活用も考えている。目標とした年商50億円の達成を目指して、髙村さんの挑戦は続く。

（田中 義孝）

急成長のカギ

・縫製の技術やノウハウの蓄積と積極的な設備投資で、難易度の高い案件を含んだ幅広い仕事を受注。
・社内にソーイングラボを設置し、技術力のさらなる向上とデザイナーや技術者の育成を図る。
・アパレル製品の企画で培った技術力を生かし、洋服の大胆なリフォームという新しい市場を開拓。
・高い目標を設定して達成のための事業計画を作成し、状況に合わせて適切に修正。

［事例8］
障がいのある子どもと親のよりどころに

株式会社 Ｌａｄｙ
代表取締役　村上 一満
　　　　　　　むらかみ　かずみ

［企業概要］

創　　業：2012年

従業者数：66人（役員・正社員26人、パート・アルバイト40人）

事業内容：障がい児向け通所支援施設（7カ所）、小鳥小売店、整骨院、
　　　　　カフェ

所 在 地：兵庫県神戸市長田区房王寺町4丁目6-12-401

年　　商：1億9,800万円

［成長の軌跡］

2012年11月　同社設立（神戸市長田区）

2013年4月　通所施設 TRAMP を開設（神戸市長田区）

2013年11月　通所施設ハーモニーを開設（神戸市兵庫区）

2013年12月　通所施設すりーぴーすを開設（神戸市兵庫区）

2014年5月　通所施設 Honeybee を開設（神戸市北区）

2014年7月　通所施設ポポロを開設（神戸市長田区）
　　　　　　（重症心身障がい児向け）

2015年9月　通所施設 SPICA を開設（神戸市中央区）

2015年10月　通所施設ハーモニーを神戸市長田区に移転

2016年6月　小鳥ショップ 小鳥のおうちを開店（神戸市長田区）

2016年8月　きらら整体整骨院を開店（神戸市長田区）

2016年12月　通所施設トリトンを開設（神戸市長田区）

2019年6月　駅前キッチン田園を開店（神戸市長田区）

1 子どもに寄り添い成長を支援

(1) 楽しい放課後を提供

　株式会社 Lady は、神戸市長田区を中心に、児童福祉法に基づいた子どもの療育を行う通所支援施設7カ所のほか、小鳥小売店、整骨院、カフェを1カ所ずつ運営している。

　通所支援施設の利用者は、療育手帳や障がい手帳を持っていたり、医師の診断結果から自治体に支援の必要性が認められていたりする小学生から高校生だ。全施設合わせて約100人が利用している。サービスの費用は、利用者の世帯が1割、国と自治体が残りの9割を負担する。

　最初に開設した通所施設 TRAMP をはじめとする6カ所の比較的軽度な障がい児向け施設は、放課後等デイサービスとも呼ばれており、同社の事業の核となっている。利用する児童の多くは自閉症、アスペルガー症候群、学習障がい、ADHD（注意欠陥多動性障がい）といった発達障がいがあり、特別支援学級に通っている。各施設の定員は10人で、平日の利用時間は10時から19時まで、土曜日や日曜日といった学校休校日は9時から18時までである。毎日通う子どももいれば、決まった曜日にのみ利用する子どももいる。午前中から利用できるが、学童保育所と同じく、平日は学校の授業が終わってから利用する場合が多い。児童は、同社の送迎車で学校から施設に来て、勉強をしたり、遊んだり、おやつを食べたりしながら過ごす。利用後も送迎車に乗って、自宅まで帰る。

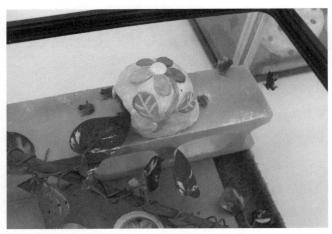
飼育しているアマガエル

　施設運営のモットーは「笑顔が輝く毎日を過ごせる」ことだ。その実現のために特に意識して行っていることが二つある。
　一つは、植物や生き物を育てる、知育玩具で遊ぶ、友だちをつくるといった、障がいのない子どもが何気なく行っていることを体験させることだ。施設にある花壇には花が植えられ、水槽のなかではアマガエルが元気に飛び跳ねている。インコを卵からかえして育てることもあるという。室内には子どもが友だちや先生の似顔絵を描いてつくった紙芝居がたくさんあり、夏休みの自由研究作品やコンテストに入選した絵が飾られている。宿題や工作をするときに使う大きなテーブルもある。職員が壁に描いたかわいらしいキャラクターが、トイレや階段の場所を指さして案内してくれる。囲碁や将棋といった昔ながらのゲームから、はやりのおもちゃまでさまざまな遊び道具もあり、子どもたちは楽しく時を過ごす。
　もう一つの取り組みが、基礎的な生活能力を育てることである。

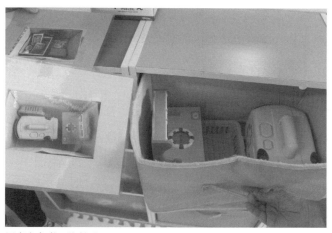
写真を参考に片付け

　遊び道具はきちんと整理整頓されているが、これも仕組みづくりと辛抱強い指導のたまものだ。おもちゃ箱の横には、片付いた状態の写真を置き、子どもがそれにならって片付けできるようにする。児童のなかには幼児のように、大声で叫んだり、室内を走り回ったりといった衝動を抑えられない子どももいる。小さいうちはまだしも、高校を卒業しても同じようだと、社会に出ることが難しい。地域から苦情が出て、転居を余儀なくされたり、専門の施設に入所することになり家族一緒に暮らせなくなったりすることもあるそうだ。焦らず、時間をかけて言い聞かせ、できるようになったらしっかりほめる。単純ではあるが、これを着実に繰り返すことで、子どもの精神的な成長を促していく。

　指導方法は、成長に合わせている。例えば、挨拶のとき元気にハイタッチする小学生には、中学生になればハイタッチではなく、きちんとおじぎをするよう指導する。大人と変わらない体で小学生の

ような行動をしていると、相手に恐怖を感じさせてしまうからだ。こうした地道な教育により、子どもは社会生活のためのルールや生活のリズムをつかんでいく。

(2) 介護で苦労する家族を助けたい

　社長の村上一満さんが創業したのは54歳のときである。20歳代で老人ホームの寮母となり、結婚を機に退職。子育てが一段落した40歳代で、訪問介護のホームヘルパーとして、再び老人介護の仕事に携わった。2009年には神戸市長田区で、訪問介護を行うために設立されたNPO法人の立ち上げに加わり、理事兼ヘルパーとして経験を重ねた。

　村上さんは、多くの家族から介護にまつわるさまざまな相談を受けていた。次第に、介護を行う家族の息抜きを手助けする「レスパイトケア」に関心をもつようになった。

　相談のなかには、老人介護だけでなく、障がいのある子どもに関するものもあった。家に帰っても、安全のため外で遊ばせにくいといった事情から、家庭以外に子どもの居場所がないというケースが多く、保護者にかかる負担は重い。保護者が疲弊してしまえば、虐待といった問題にも発展しかねないと、村上さんは危惧していた。

　障がいが比較的軽度な子どもは、学校の特別支援学級に通うことはできる。しかし、一般の学童保育所の利用は難しいことがある。近くには、放課後や夏休みなどに障がいのある子どもを受け入れる施設がほとんどなかった。

　村上さんは、そうした悩みを抱える保護者を少しでも助けたいと考え、2012年11月に同社を設立。物件やスタッフの確保、行政上

の手続きを進め、2013年4月に、最初の放課後等デイサービス施設 TRAMP を開いたのだった。

2 地域と連携して施設を拡充

(1) 児童の家族のニーズに応える

　障がいのある子どもは、保護者、学校、病院、地域住民といったさまざまな関係者に支えられている。子ども一人ひとりに合ったサポートをするためには、そうした関係者と連携し、発育状況や興味関心、家庭環境、それまで受けてきた支援、コミュニケーション能力、病気の有無、服薬状況などを確認し、緊急時の対応方法を考えておかなければならない。

　同社が特に重視するのは、保護者の気持ちである。対話から得た情報をもとに、家族の心配ごとをできるだけなくす工夫を施している。それは建物や設備によく表れている。

　例えば、小学生の保護者と話をしていくうちに、そのほとんどが小学校卒業後に中学生向け、高校生向けと施設を移るのではなく、高校生まで同じ施設で療育してもらいたいと考えていることがわかった。そのためには、子どもが大きくなっても問題のない広い空間を初めから用意する必要がある。そこで、成長してもストレスなく過ごせるよう、部屋の広さは神戸市が設ける目安よりもかなり広く確保した。ほかにも、部屋の床は転倒しても大きなけがをしないよう柔らかい素材を使用し、薬の影響で昼寝をする子どものため部屋の隅に布団も用意している。トイレのなかの様子がプライバシーを侵害しない程度にわかるよう扉を曇りガラスにしたり、テレビを

勉強や工作を行う部屋

手が届かない高い位置に設置したりと、保護者に安心してもらえるよう、子どもの日常生活への配慮を行っている。

　また、可能な限り道路側に大きな透明の窓ガラスを設けるようにした。普段はカーテンもかけない。地域住民に、どのような子どもたちがどのように過ごしているのかを見えるようにすることで、障がい児への誤解や偏見をなくしたいという思いからだ。こうした施設づくりの特徴と考え方は、利用を希望する保護者だけでなく、地域の多くの人にも知ってもらいたいと思い、インターネットのホームページにも詳細に記載している。

　最初の施設の評判は保護者による口コミで広がり、定員はすぐにいっぱいになった。新たな施設の設置を求める声が自然と高まっていった。こうした要望に応じて、7カ月後の2013年11月に二つ目の放課後等デイサービス施設ハーモニーを開設。その後も次々と通所施設を増やし、わずか4年で7カ所を運営するまでになった。

元気に遊ぶ子どもたち

　そのうち5番目の施設は、重度の肢体不自由と重度の知的障がいが重複した重症心身障がい児向けの定員5人の施設である。これも、保護者からの要望に応えて開設したものだ。
　施設を開くための物件は、地元の不動産会社や不動産所有者の紹介で、比較的スムーズに決まったそうだ。開かれた姿勢が地域との結びつきを強くし、同社だったら安心だと受け入れてもらえたためだと村上さんは考えている。

(2) 療育環境と採算の両立
　増える利用希望者を受け入れるためには、既存施設の拡張や広い物件への移転という方法もある。しかし、同社は小規模な施設を増やしていくという方法を選んだ。仲間が急に増えたり、新しい建物に移ったりと環境が変わることで、情緒が不安定になる子どももいるためだ。

増設した施設の従業員は、既存の施設で働く人材を異動することでまかなっている。ただ、先生がいなくなってしまうことが子どもに与える影響を最小限に抑えるため、複数の施設から少人数ずつ集めるといった配慮を行っている。狭い範囲で多数の施設をもつことで、それが可能になった。

　急速に施設を増やした同社であるが、事前に新しい施設の採算を見極めることも欠かさない。ビジネスとして維持できず閉鎖してしまえば、子どもやその家族に大きな迷惑をかけてしまうからだ。保護者や学校と連携して情報を集め、採算ベースに乗る利用希望者数が確保できることを確認してから、初めて開設の準備に入るようにしてきた。

3　子どもの将来を考えた事業展開

(1) 多彩な人材が活躍

　同社では約70人の従業員が働いている。午後が特に忙しくなるため、正社員よりパートが少し多い。女性が7割、男性が3割である。年齢は40歳代が多いが、仕事を一度リタイアした60歳以上、なかには80歳代の社員もいる。小学校教員を目指す学生がアルバイトにくることもある。お兄さん・お姉さんから、おじいちゃん・おばあちゃんまで、老若男女が「先生」になっている。自然と、教える遊びのバリエーションも多くなる。核家族が多いなか、こうした幅広い年齢層の人たちとの接触は、子どもたちの将来にも役立つ。

　設立当初のスタッフは村上さんを入れて4人。老人介護の仕事での知り合いで、しばらくはその人たちや村上さん自身の人脈で人材

を確保していった。その後も、従業員による口コミで同社の療育コンセプトに共感した人材が集まっているそうだ。

　同社の施設に通う子どもの親も3人いる。もちろん自分の子どもとは別の施設で勤めるが、これも近隣に複数の施設をもつことで可能になっている。学校からの急な呼び出しに備えて、働くことをあきらめる親もいるそうだが、同社はそうした人たちの受け皿にもなっているのだ。

　短い期間で多数の施設を展開できた理由は、人材の観点でいえばスムーズに従業員が集まったことのほかに、もう二つある。

　一つは、管理職候補を最初から多く集められたことだ。最初のころに入社した従業員は、5年から10年の老人介護の経験がある人がほとんどで、介護福祉士といった専門資格をもつ人も多かった。児童通所施設の責任者となるためには、福祉に携わった年数や資格の要件があるため、分野は違えど介護経験が豊富な人材を集められたことは大きな強みとなった。

　もう一つは、神戸市の定める人員基準より、多めに従業員を配置したことである。これは、子どもに対するケアの充実だけでなく、新たな施設のためのスタッフを事前に育成することにもつながっている。

　療育の質を高めるためには、従業員教育は欠かせない。日々の現場で学ぶことは重要だがその他の研修も欠かせない。児童福祉に関する資格取得も推奨しており、現在、何人も保育士の資格取得のための通信教育を受けている。自分で勉強を進めることが苦手な人のために、地域で開かれる福祉に関する講習会に参加させたり、児童福祉の専門家によるセミナーを自社で開催したりもしている。

(2) 卒業生の居場所の確保を目指す

　同社は2016年6月、インコの小売店を神戸市長田区に開いた。その目的は、同社の施設を巣立った子どもが就労できるビジネスを模索するためだ。村上さん自身が動物好きで、動物の世話は人間の心の発達にもよいと思っている。イヌやネコに比べて世話がしやすく、障がい児が容易に餌やりや飼育室の掃除ができるのではないかと考え、インコを選んだ。アキクサインコやサザナミインコなどめずらしいインコも含め、全部で6種類ほどそろえた。繁殖も行っており、総勢で50羽くらいいる。まだ卒業生は働いていないが、利用者の少ない午前中に従業員の仕事をつくることができたそうだ。2016年8月には整体院を、2019年6月にはカフェも始めた。福利厚生も兼ねており、従業員は割引料金で利用できる。

　現在は、こうしたすべての事業を村上さんが管理しており、目が回るほどの忙しさだ。今後、さらに施設を増やしたり、インコの小売店を就労支援施設にしたりしていくためには、村上さんの仕事の一部を任せられる経営スタッフが必要となるだろう。幸いなことに、従業員のなかからそうした人材が育ちつつあるという。今後、次のステップに進むことが期待できそうだ。

（山崎 敦史）

急成長のカギ

・対話から保護者のニーズをつかみ、子どもを安心して預けられる特徴ある施設づくりを実行。
・需要を十分に把握したうえで、地域にも受け入れられるよう慎重に事業展開。
・将来の施設増を見越して、多彩なスタッフを確保し、管理職を計画的に育成。
・狭い範囲での集中展開で、人材のやりくりを容易にするとともに、利用児童の親の就業機会も創出。

[事例9]
品質を重視した食品輸送のプロフェッショナル

株式会社 まことサービス
代表取締役　矢吹 祐介

[企業概要]

創　　業：2010年

従業者数：80人（役員・正社員80人）

事業内容：トラック運送業、倉庫業、運輸関連サービス業

所 在 地：岡山県岡山市中区桑野517-3

年　　商：7億1,000万円

［成長の軌跡］

2010年5月　自宅を本社とし、同社設立（岡山市南区）

2013年7月　岡山南支店を開設（岡山市南区）

　　　　　　一般貨物自動車運送事業の許可を取得

2014年4月　すべてのトラックにデジタルタコグラフを導入

2015年8月　本社移転（岡山市中区）

2018年4月　新社屋・倉庫を建設し、倉庫業を開始

事例9　株式会社 まことサービス

1　冷凍・冷蔵車による食品輸送

（1）多様な設備がサービスを支える

　株式会社まことサービスは、岡山市に本社を構えるトラック運送会社である。売りは「食品輸送のプロ」であることだ。主な荷主は近隣にある食品のメーカーや卸問屋である。野菜や魚などの農水産物、弁当や総菜類、ハムやかまぼこなどの加工品、氷菓や冷凍食品など、普段小売店で目にするさまざまな食品を運ぶ。拠点は本社と市内2カ所にあるトラックヤードで、配送先は中国・近畿地方が中心である。

　本社には運行管理や休憩のためのスペースのほか、約700平方メートルの冷凍・冷蔵倉庫を併設している。ここでは商品の保管だけでなく、ラベル貼りや配送先ごとに品物を仕分ける作業も行う。所有する80台以上のトラックは、8割が冷凍車、2割が冷蔵車である。大きさはバラエティーに富み、10トン車を9台、4トン車を36台、2トン車を25台、軽貨物車を12台そろえている。対するドライバーは約70人。トラックの数のほうが多いのには理由がある。スポット便と呼ばれる突発的な受注や車両設備の急な故障などに対応するためだ。食品は日持ちしないうえに、冷凍・冷蔵車は急には手配できないことが多いそうだ。さまざまな大きさのトラックを多めに用意しておくことで、輸送量の多寡に合わせた効率的な配車ができる。

（2）勤務時代の気づきをきっかけに創業

　社長の矢吹祐介さんは、日用品や雑貨を扱う運送会社に12年間勤務した経験をもつ。その会社には、10トン車から2トン車

本社の社屋

まで約30台のトラックと、積み荷を預かる倉庫があった。矢吹さんは普通免許しかもっていなかったため小さめのトラックしか運転できず、ドライバーを務めたのは半年間だけで、配車業務や倉庫管理業務に長く携わった。28歳の若さで営業所長に抜擢（ばってき）され、営業所にあるトラックの運行と、付属する倉庫の管理を取り仕切った。

　所長になってみると、「少量だが追加で輸送が必要になった。急ぎでトラックを出せないか」といった依頼が意外と多いことに気がついた。理由は、荷物の積み忘れや輸送中の欠損、繁忙期のトラック不足などさまざまだった。しかし、ロットが小さく勤務先にあるトラックでは運賃が割高になるため、実際に取引につながることはあまりなかった。勤務先には軽貨物車の導入を提案したが、オペレーションが煩雑になるため意見は採用されなかった。

　少量かつ緊急のスポット便を小さなトラックで引き受けるという

ビジネスが求められている。そう考えた矢吹さんは、2010年5月、33歳で軽貨物運送業を開業した。取扱商品は食品を中心にした。温度管理といった手間がかかるぶん、利益率も高いからだ。初期投資として冷凍車や冷蔵車の購入が必須であるものの、軽貨物車で始めたことから費用は比較的安く抑えることができた。

2 ビジネスモデルを変化させる

(1) 定期便の受注で輸送量を増やす

　矢吹さんの読みどおり、スポット便の需要はあった。緊急事態に迅速に対応してくれるということが地元で評判となり、同業者の下請けを中心に売り上げは順調に伸びた。創業時は元同僚と2人でトラックも2台という体制だったが、3年後には冷凍・冷蔵車が合わせて15台、ドライバーも15人にまで増えた。ただ、受注は突発的に入ってくるため、先の計画が立てにくい。どうしても売り上げに波ができてしまうという問題があった。

　その対策として、矢吹さんは食品メーカーや卸問屋から定期便の受注をしたいと考えた。取引に当たっては、一般貨物自動車運送事業の許可をもっていることが前提になる。取得要件を満たすため2トン車や4トン車を購入し、2013年7月に営業許可を得た。緊急時における同社の仕事ぶりを評価していた荷主は多く、増便する際のパートナーに選んでくれた。次第に定期便の契約は増え、2017年には売上高全体の8割を占めるまでになった。荷主の需要に合わせて大型のトラックの導入も進めた結果、トラック数は約70台に増えた。

倉庫での作業

(2) 荷主のニーズに対応して倉庫業に進出

　2018年4月には、新社屋の建設に合わせて冷凍・冷蔵倉庫を新設。食品メーカー向けに倉庫業と商品の仕分けを開始した。取引先の食品メーカーのなかには、製品の保管や仕分け作業に使うスペースに余裕がなく、需要があっても増産に踏み切れないという悩みを抱えた企業が少なくなかった。製品の引き取り、保管、仕分け、配送を一手に引き受けてもらえないかという取引先も現れた。そうした作業を同社が担えば、メーカーは増産が可能になり、自然に輸送量も増えると矢吹さんは考えたのだ。

　準備は入念に行った。倉庫での作業を外注したいと言っていた食品メーカーに受注の内諾を得たうえで、倉庫の建設を始めた。設計は、使い勝手が良くなるようメーカーの担当者と念入りに打ち合わせをしながら進めた。特に、温度と衛生を管理するための設備を充実させた。冷蔵・冷凍庫内は閉鎖区域とし、作業員の入り口には消

毒を終えなければ開かない仕組みの扉を設けた。荷物の搬入口にはトラックの荷台とドッキングする際に隙間ができないようにする設備を取り付けた。停電に備え、非常用の電源設備も用意した。

並行して、食品メーカーに何日も通って、現場でどのような作業をしているのかを確認した。さらに、矢吹さんが元勤務先の倉庫を管理していたときの経験や、出し入れしやすいように荷物を配列するといった運送会社として培ったノウハウをもとに、作業の手順に磨きをかけた。倉庫の作業員には求人サイトで集めたばかりの未経験者が多かったため、矢吹さん自ら作業手順を指導し、本格稼働に当たってはメーカーの担当者に来てもらって業務を完璧に引き継いだ。

こうして、衛生管理に厳しい大手小売店と取引する食品メーカーがうらやましがるほどの立派な倉庫が完成した。仕分けのスピードは速く、見学に来たほかのメーカーの担当者が感嘆するほどだという。狙いどおり、倉庫を利用するメーカーの生産量は増加した。新たなメーカーとの取引も始まり、稼働から3カ月後にはトラックを10台増やすほど受注は増えた。

3 輸送の品質を高める

(1) ドライバーの確保と教育

事業の拡大に伴い、ドライバーを集める必要があった。創業から3年ほどはハローワークを利用していたが、その後は、社員による紹介を中心に確保できるようになった。転職してきた社員が元同僚を誘ったり、家族を紹介したりするという。働き盛りの20〜30歳代の男性が多いが、女性ドライバーと60歳以上のドライバーもそ

れぞれ5人ずつ入社した。紹介で集まった人材は定着率が高く、採用直後の退職や無断欠勤も少ないそうだ。紹介する側とされる側に、仕事以外にもつながりがあることが多いためではないかと矢吹さんは考えている。

　業績が順調ということもあり、給与水準は業界相場より高めだそうだ。ただ、同社が採用に成功している理由はそれだけではない。経験の浅いドライバーには、運転しやすい小さなトラックからスタートさせ、慣れてきたらだんだん大きいトラックを担当するようにしていく。体力の劣ることのある高齢者や女性のドライバーには、大きな力がいらない仕事や短時間で終わる仕事を担当させる。視力があまり良くないドライバーの夜間運転を避ける。けがや病気のため運転が難しくなったドライバーには、倉庫や事務でがんばってもらう。こうして社員の個別の事情に配慮して業務を割り振り、働きやすい環境を整えたことが奏功したのだ。

　ドライバーには安全運転というだけでなく、商品を守るための丁寧な運転が求められる。食品には形が崩れると商品にならないものが多いからだ。運転技術の向上には、デジタルタコグラフという装置に記録される速度、距離、給油量、急なブレーキや発進による衝撃の大きさ、荷台の冷凍・冷蔵室内の温度といった情報を活用している。この装置は、法律で義務化される前の2014年にすべてのトラックに導入した。安全で丁寧な運転が行われているかをチェックするとともに、ドライバー自身が自分の運転の癖を把握できるようにしている。燃費を抑えたエコな運転をする優良なドライバーには表彰も行う。万が一、配送後に冷凍食品が溶けているといったトラブルが起きた場合には、取引先とともに原因を分析して再発防止を

管理者による会議

図る。また、走行中の映像を記録するドライブレコーダーもほとんどのトラックに搭載した。急ブレーキ時の映像を集めて社内研修を通じてフィードバックし、誰かが経験した危険をドライバー全員で共有する。こうした取り組みは、交通事故や荷物の品質低下を防ぐだけでなく、燃料費の減少にもつながっている。

(2) 的確な運行管理

　荷主からの依頼を振り分け、全トラックの指揮を行うのが運行管理者である。創業から4年間は矢吹さん1人で行っていたが、それでは追いつかなくなった。そこで、運行管理の経験者を2人採用するとともに、もともといた社員にも矢吹さんの指導で業務を教えた。現在は、すべてを任せることのできる3人、補助業務を担う2人でシフトを組むという体制になった。

　ここでもデジタルタコグラフは役立っている。トラックの現在

地、帰店中・休憩中といった状況もリアルタイムで確認できるため、集荷の依頼が突然入っても、荷台に空きのあるトラックを見つけ、現場に急行させられるのだ。効率的な配車により、稼働率も高まる。矢吹さんによれば、走行中のトラックに関するデータを即時に活用する体制を整えた企業は、同社と同じ規模ではまだ多くないとのことだ。

　トラックの台数が増えたことで運行管理者が３人では手が回らなくなりつつあるため、新たな運行管理者の育成に取り組んでいる。物流は日本経済を支える血流のようなものだ。同社は地元岡山の食品産業を支える大動脈として、今後も躍進することだろう。

（山崎　敦史）

急成長のカギ

・軽貨物冷凍車による少量かつ緊急のスポット便に対応するビジネスモデルで同業者と差別化を図って創業。
・軽貨物車から大型トラックまでバラエティーに富んだ冷凍車・冷蔵車をそろえ、効率的に配車。
・取引先のニーズに応え、冷凍・冷蔵倉庫を建設したうえで、荷物の引き取り、保管、仕分け、発送まで一括したサービスを提供。
・IT機器を積極的に導入し、適切な運行管理を行うとともに、社員教育への活用で高い運送品質を実現。

[事例10]
ニーズに素早く対応して製品力を高める

株式会社 西松フーズ
代表取締役　原　祐司
　　　　　　はら　ゆうじ

[企業概要]

創　　業：2011年

従業者数：70人（役員・正社員15人、パート・アルバイト55人）

事業内容：冷凍・水煮加工販売（工場2カ所）、農作物販売

所 在 地：長崎県島原市南安徳町丁4727

年　　商：11億6,100万円

［成長の軌跡］
2011年9月　冷凍加工工場を引き継ぎ同社設立（長崎県島原市）
2012年4月　レトルト釜を導入。水煮加工を開始
2014年10月　農作物の販売を開始
2015年6月　東京事務所を開設（東京都千代田区）
2015年12月　長崎工場を新設（長崎県長崎市）
　　　　　　洗浄機、金属探知機、エックス線検査機を導入

1 地元の農作物を冷凍・水煮加工

（1）鮮度と加工の質で勝負

　長崎県島原市に本社工場を構える株式会社西松フーズは、農作物の冷凍・水煮加工品を製造している。農家と栽培契約を結び、旬の時期に収穫した農作物を確保する。半分は地元の島原半島で採れたもので、残りもほとんどが九州産である。できるだけ距離が近い農家から調達することで、新鮮な原料を仕入れるとともに、物流コストを抑えている。2017年に食品表示法が改正され、輸入品を除くすべての加工食品について、原材料の産地を表示することになった。これにより、国産品が一段と注目されるようになったことは追い風となっている。

　加工は、本社に隣接した工場と、車で１時間半ほど離れた長崎市にある工場で行う。工場ごとに製造する製品は異なる。約40人が働く本社工場では、ホウレンソウ、サトイモ、ニンジンなどの冷凍加工品や、マイタケ、ブナシメジなどキノコの水煮加工品を、約20人が働く長崎工場では、同じ農作物でも複雑なカットを要する冷凍加工品を中心にしている。製品はカットの種類といった規格ごとにパック詰めし、商社やOEMを受注した食品会社に販売する。最終的には、主に給食やレストラン向けの業務用として消費されている。

　代表的な加工手順は次のとおりだ。まず、仕入れた農作物を選別し、根切り等の前処理を施した後に、洗浄機にかけて異物や汚れを除去する。洗浄後、選別処理を経てギロチンカッターにて細かくカット。切り分けた農作物には、ブランチングという加熱処理を

選別作業

施す。冷却・脱水・選別の工程を経て、計量・袋詰めを行う。冷凍庫にて凍結後、金属探知検査・エックス線検査にて異物等混入がないか厳密にチェック。箱詰め・冷凍保管後に出荷という流れとなる。

今では役員・正社員15人、パート55人を抱え、業績も順風満帆な同社であるが、実はその創業は閉鎖された工場を引き継いだことに始まっている。

(2) 経験を生かして工場の再建に挑む

社長の原祐司さんは、愛知県出身。総菜メーカーに20年以上勤めた。国内外の仕入れを統括する仕入部長や、全国200の直売店での販売や流通の管理、新プロジェクトの立ち上げも担う開発部長を歴任した。2001年に退職した後は、茨城県にある園芸農業協同組合の役員に就任し、工場の立ち上げに参画。工場長として製造工程の改善や衛生管理に手腕をふるった。さらに農作物カット会社での勤務を経て、2006年に愛知県に戻り、農作物卸売会社を経営していた。

2011年9月、2年ほど前から原さんがアドバイザーを務めていた

食品加工工場が閉鎖されることになった。異業種の企業が多角化のために設立し、冷凍加工した農作物を、給食向けの食材を扱う商社に販売していたが、業績が思わしくなかったのだ。原さんが出した改善提案も、もともと異業種であるためか重要性を理解してもらえず、なかなか受け入れてもらえなかった。「オペレーションを改めれば必ずうまくいく。地方の農業を支えるためにも一肌脱ぎたい」。そう考えた原さんは、株式会社西松フーズの設立を決意した。オーナーを説得して閉鎖予定の工場の設備と在庫を買い取り、土地と建物は同社に借主を変更してもらうことで、工場を引き継いだのだ。

　前身の会社に勤務していた約30人のうち、同社に入社したのは5人だった。そのうち、工場で管理職を務めていた2人を、製造の進捗や原材料の調達などを管理する工場長と、工場内の作業と衛生を管理する現場監督に登用した。事務職員だった3人には、経理や総務を分担してもらった。新たにパート7人を加工の作業員として雇い、操業を開始した。

2 バリエーションを広げる

(1) 通年の仕事を確保して雇用を安定

　工場の採算が取れていなかった大きな要因の一つが、夏場の仕事不足だった。ホウレンソウやコマツナといった秋から冬が旬の食材を中心に取り扱っていたため、工場をフル稼働させられる時期は10月から翌年4月に限られた。そのため、設備や人材にかかる固定費が負担となっていた。繁閑に合わせてパートを増減することで人件費をできるだけ抑えていたが、採用のたびに人が入れ替わるた

め、教育にコストがかかる、計画どおりに人数が集まらないといった問題が生じていた。

　そこで、まずは、旬の時期が秋から冬と同じでも日持ちの良いニンジンやカボチャ、春から夏が旬のインゲンやオクラを使った製品を増やし、稼働率の平準化を進めた。さらに、以前はほとんど取り扱っていなかったマイタケやブナシメジといったキノコの加工を始めることにした。これらのキノコは人工栽培であるため、一年を通して新鮮な状態で確保できる。しかも、夏場に仕入れと冷凍加工をすませておき、鍋料理が増えて需要が高まる秋冬に販売すれば利益率は高まる。原さんは長年培った人脈を活用し、キノコ生産業者に冷凍加工のOEMを受託させてもらえないか相談した。すると、水煮加工も頼めるならという返事があった。すかさず水煮がつくれるようレトルト釜を導入して受注に成功。創業から8カ月後には、その会社から協力工場として指定を受けるに至った。

　こうして通年で仕事を確保したことにより、雇用も安定した。継続して働けることは地元の人にとって大きな魅力であり、採用が容易になった。カットを担当するスタッフには、普段から家庭で包丁を握っている主婦が多く集まったため、難しいカット方法のコツをつかむのも早い。パートから正社員に登用するケースが増え、社内にノウハウが蓄積するようになった。

(2) 付加価値を高めて差別化を図る

　業界での競争力を高めるための取り組みも行った。一つは、加工する農作物の選択である。工場を引き継ぐ前の主力であったホウレンソウやコマツナといった葉物は、比較的加工が簡単である一方、

レトルト釜

利益率があまり高くないという。そのため、大量生産でないと採算が取りにくい。ただ、同社の場合、立地の影響もあって大ロットで農作物を確保することが難しい。仕入れ先が最も集まる島原半島は、道が狭くて農耕用の機械が入れず、1農家当たりの収穫量も比較的少ない。そこで、契約する農家と協力し、インゲンやソラマメなどの豆類、ブロッコリーやカリフラワーなどの花蕾類(からい)といった、比較的収益力が高い農作物の割合を増やしていった。

　もう一つが、加工の質を高める取り組みである。スーパーやコンビニチェーンにも認められる高度な食品の衛生管理手法を取り入れた。従業員は、白衣と帽子の着用、手指の洗浄、エアシャワーや粘着ローラーを使ったゴミの除去を徹底して行う。作業後は、機械、作業台、容器などを消毒液を使用して隅々まで洗い、工場内の衛生を保っている。2015年には、金属探知機とエックス線検査機を導入した。これによって、金属や、それ以外の木片や小石といった異物が混入するリスクは大幅に減った。衛生管理を厳しく行っていることが評価され、長崎県が運用する「ながさきHACCAP」の認証

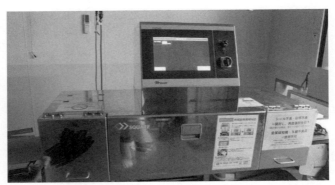
エックス線検査機

を取得することもできた。

　最新式の農作物の洗浄機やカッターの導入など、機械化による生産工程の合理化も進めた。そのため、何回も包丁を入れて表面を丸く整えるシャトー切りと呼ばれるカット方法を始めたり、ブロッコリーといった形が複雑で美しくカットするには手間のかかる農作物の加工に人手を割いたりすることができた。こうして加工の水準が高まるにつれて、高級店向け食材を扱う商社からの受注や食材加工会社からのOEM生産の受託が増えた。現在、年間売上高は創業当初と比べて約6倍に成長している。

3　有益な情報を拾い上げて成長

(1) 金融機関や役所を情報源として活用
　事業拡大に向けた経営資源の獲得には、金融機関や役所から得た情報を役立てている。
　2015年12月に新設した長崎工場は、地元の金融機関から閉鎖予

定の水産工場を紹介してもらったものだ。金融機関に対し、工場を増やして受注拡大に対応したいことや、立地は人口が比較的多く従業員を集めやすい長崎市内を検討していることを前もって相談していたのが奏功した。

　機械を購入する際には、補助金を積極的に活用している。申請可能なケースは思ったよりも多くあるそうだ。補助金の種類や申請方法を調べるため、県庁や市役所に頻繁に通う。今では、新しい補助金の制度を行政側の担当者が案内してくれるようになった。

　情報が入りやすい環境をつくっておくことが経営に有利に働くと語る原さんは、2015年6月、東京都千代田区に東京事務所を設置した。多くの取引先が集まる東京に拠点を設け、さらに情報収集に力を注ぐためだ。

(2) 新たな事業にチャレンジする

　収集した取引先のニーズに応えるため、挑んでいる取り組みが二つある。一つは、「総菜作成キット」の製造である。スーパーでは、総菜をバックヤードで調理することが多い。材料になる農作物はさまざまで、それらをそろえるには意外と手間がかかる。材料として少ししか使わないものもあり、ロスも発生しやすい。そうした悩みをよく聞いていた。そこで、あらかじめ5人前や10人前の材料を1セットにまとめた商品をスーパーに販売することにした。例えば、「野菜とキノコのあえもの」の材料として、レトルト加工したホウレンソウ、ブナシメジを組み合わせたパックと、別途仕入れたあごだし調味料をセットで販売するのだ。スーパーにとっては、材料調達が省力化されることだけでなく、調理が簡単になる点や、店

頭の総菜が欠品したときに追加で少しだけつくることが容易になる点は魅力であり、同社の売り上げは伸びつつある。

　もう一つが、生シイタケの生産と販売である。見た目が良く、安全性も高い農作物を求める取引先が増えていることはよくわかっていた。ただ、そうした声に応えようとすると、多くの場合は選別や洗浄に大きなコストがかかってしまう。一方、密閉した施設内で菌床栽培したものなら、原料の生産過程で、虫食いにより見た目が悪くなったり、異物や虫などが混入したりするのを防げるうえに、農薬の使用を抑えることも可能だ。そこで原さんは、国産に注目が集まる生シイタケ市場を狙い、生産工場建設を検討している。現状時期は未定であるが、近い将来の実現を目指している。

　原さんが地元である愛知県を飛び出し、工場の再建のため長崎県で同社を創業したのは54歳のときだった。還暦を超えた今も、製品、顧客、バリューチェーンの多角化に果敢に挑戦し続ける姿からは、チャレンジ精神の尊さを学ぶことができる。

（山崎　敦史）

急成長のカギ

・閉鎖した工場の引き継ぎや補助金の活用により、設備投資にかかる支出を削減。
・農作物の種類を工夫、併せて冷凍加工だけでなく水煮加工を始めたことで、工場の稼働率を平準化。
・稼働率の平準化によりパートの雇用が安定したことで、パートから正社員への登用が増え、自社にノウハウが蓄積。
・高水準の衛生管理手法を導入、また、機械化により人的リソースを加工品質の向上に集中させたことで、受注拡大。

まとめ ―ケーススタディを振り返る―

(1) ヒアリングの要領

　本章では、企業ヒアリングをもとに10社の急成長企業をケーススタディとして紹介した（表）。特徴をより明確につかむために、ここでは第1章のアンケート分析における急成長企業の定義よりも大きく成長している企業をヒアリング対象とした。具体的には、開業後10年以内に従業者数が50人以上になった企業を目安として、できるだけ異なる業種の急成長企業を全国から選んだ。

　ヒアリングは2018年6月から2019年2月にかけて、店舗、事務所、工場といった事業所に、当研究所担当者が直接訪問して実施し、その後の状況は電話や電子メールにより確認した。また、原則として経営者ご本人に対応いただいたほか、必要に応じてほかの経営陣や従業員の方にも加わっていただき、経営者のご経歴、開業の経緯、開業後にどのような課題に直面したのか、それらをどのように克服してきたかなどについて、詳しくうかがった。

　こうしたご協力のおかげで、アンケートでは明確に観察できなかった急成長企業の成長の軌跡を、詳細に示すことができたのではないかと思う。各企業の取り組みはさまざまであった。以下では、特に業界内での同業他社に対する差別化戦略と、差別化をもたらす仕組みづくりに注目して、事例企業の取り組みの方向性をまとめていきたい。

表　事例一覧

番号	企業名	都道府県	業種
1	医療法人社団 一心会	北海道	歯科診療所、歯科技工所
2	社会福祉法人 すくすくどろんこの会	千葉県	保育園、学童保育所
3	合同会社 沖正	埼玉県	回転ずし店、居酒屋、すしレストラン
4	株式会社 エマリコくにたち	東京都	野菜小売業、野菜卸売業、ワインバル、ビアパブ、ビストロ、地域アンテナショップ運営のコンサルティング受託
5	株式会社 サブリメイション	東京都	3次元コンピューターグラフィックアニメーション制作
6	アーツアンドクラフツ 株式会社	東京都	オーダーメード・ブライダルリング製造小売業、彫金教室、野菜通販サイト、経営コンサルティング
7	ホープインターナショナルワークス 株式会社	大阪府	洋服卸売業、洋服の仕立て直し店、カフェ
8	株式会社 Lady	兵庫県	障がい児向け通所支援施設、小鳥小売店、整骨院、カフェ
9	株式会社 まことサービス	岡山県	トラック運送業、倉庫業、運輸関連サービス業
10	株式会社 西松フーズ	長崎県	冷凍・水煮加工販売、農作物販売

(2) マーケティングの4Pにみる差別化戦略

　第1章のアンケートの結果からは、急成長企業は何らかの差別化を行っている傾向がみられた。では、具体的にどのような手法を取っているのだろうか。ここでは、マーケティングを考えるうえでのフレームワークとしてよく使われる4Pの考え方を分析ツールと

して用いる。このマーケティングの4Pとは、プロダクト（Product：製品）、プライス（Price：価格）、プレイス（Place：流通）、プロモーション（Promotion：販売促進）のことをいう[1]。ケーススタディの各企業は、これらの組み合わせによって差別化を図っているのがみてとれた。以下では4Pのそれぞれについて、具体的にどのような取り組みが行われているのか整理したい。

　最初に、プロダクト（製品）による差別化をみてみよう。ここでいう製品には、サービスも含まれる。ケーススタディのほとんどの企業が、製品やサービスの面でライバル企業との差別化を図っている。

　まず、非常に特徴のある製品・サービスをもっている企業がみられた。3次元コンピューターグラフィックアニメーションの制作で他社の追随を許さない株式会社サブリメイション（事例5）は、その好例である。ホープインターナショナルワークス株式会社（事例7）のように、仕立て直しという従来から存在したサービスを斬新に変化させて顧客ニーズをつかみ、店舗を増やしている企業もあった。

　一方、第1章の分析でも確認できたように、まったく新しい製品・サービスでなくても、ライバルと少しだけ異なる独自性でアピールしているケースも少なくなかった。社会福祉法人すくすくどろんこの会（事例2）では、「どろんこ」になって遊ぶ保育、地元の食材を使った給食による食育などで、保育園の独自性を明確化している。合同会社沖正（事例3）は、厳選された素材と丁寧な仕込みで、近隣の回転ずし店との違いをアピールしている。

---

[1] 米国のマーケティング学者であるジェローム・マッカーシーが提唱した考え方。なお、プレイスは流通と翻訳される場合が多いが、構成要素には場所（立地）の選択も含まれる。

製品やサービスを組み合わせることで差別化を図ることも可能である。医療法人社団一心会（事例1）は、多数の診療科を設けることで歯の治療に訪れる患者の利便性の向上を図っている。株式会社まことサービス（事例9）は、従来行っていたトラック運送に、倉庫業と商品の仕分けというサービスを組み合わせることで、荷主のニーズに対応している。

　二つ目に、プライス（価格）に特徴のある企業をみてみよう。アーツアンドクラフツ株式会社（事例6）は、オーダーメードの指輪を、比較的手頃な価格で提供しているのが強みである。プライス（価格）は、価格設定の戦略のことであって、必ずしも低価格を意味するわけではない。合同会社沖正（事例3）や株式会社西松フーズ（事例10）などでは、製品・サービスに優位性をもたせることで、価格は他社よりむしろ高めに設定している。なお、歯科医院、保育所といった、法律や条例で価格が決まっている業種の場合は、価格による差別化は困難であるため、価格以外で特徴をもつことが求められる。実際、該当する各社をみても、上述のとおり価格以外での差別化を進めていることがみてとれた。

　三つ目のプレイス（流通）による差別化はどうだろうか。株式会社エマリコくにたち（事例4）は、東京近郊のJR駅前に次々に出店して地元野菜を求める人のニーズに応えている。株式会社西松フーズ（事例10）は、高度な冷凍加工によって地元の新鮮な野菜を全国に届けることで、取引先のニーズを満たすとともに地域経済にも貢献している。このように、顧客となる消費者・企業、あるいは仕入れ先の利便性やメリットを考えることは非常に重要であろう。

　そうしたなかで、アーツアンドクラフツ株式会社（事例6）の出

店ポリシーは少しユニークである。一般に繁華街の表通りに出店する宝飾品店が多いなかで、あえて目立たない場所に出店することで、隠れ家的なイメージを押し出している。比較的家賃が安いことが、手頃な価格を実現できた理由の一つにもなっている。なお、今回のケーススタディのなかにはあまりみられなかったが、インターネットを通じての販売も、店舗に投資せずに販売額を伸ばす一つの手法として考えられるだろう。

　インターネットは、最後のPであるプロモーション（販売促進）にも有効である。医療法人社団一心会（事例1）やアーツアンドクラフツ株式会社（事例6）では、ホームページやフェイスブックなどを積極的に活用して情報の発信を図っていることが、顧客の確保に大いにつながっている。ホープインターナショナルワークス株式会社（事例7）では、店の前を通る人が仕立て直しの作業を見ることができるよう、洋服のリペア工房をガラス張りにしている。百貨店内の店舗では人だかりになることもあり、宣伝効果は大きい。直接の顧客に対するプロモーションではないが、興味深いのは株式会社Lady（事例8）の施設運営の考え方だ。同社の施設の多くは、大きな窓で外からよく見えるようになっている。どういう障がいのある児童が毎日どのように過ごしているのかがよくわかる。これが、地元住民の理解を得ることにつながっているという。

(3) 差別化を実現する要素

　前節でみた製品・サービスの差別化は、多くの要素によって実現されている。

　まず、各社の製品・サービスを提供する技術やノウハウを事業開

始時に誰がもっていたのか、経営者の経歴からみると、二つのパターンがあることがわかる。

　一つは、経営者が現在のビジネスと同じ業界で働き、一定の知識やノウハウを得たうえで開業しているケースである。合同会社沖正（事例3）、株式会社サブリメイション（事例5）、ホープインターナショナルワークス株式会社（事例7）、株式会社まことサービス（事例9）、株式会社西松フーズ（事例10）など、多くの企業がこれにあてはまる。長い業界での経験をもとに、他社と差別化できる製品・サービスを考え、そのビジネスモデルを実現している。なかには、医療法人社団一心会（事例1）の経営者のように、当初から将来の開業に向けて、計画的にさまざまな仕事の経験を積んでいる経営者もいた。

　もう一つは、社会福祉法人すくすくどろんこの会（事例2）やアーツアンドクラフツ株式会社（事例6）の経営者のように、それまでまったくかかわりのなかった業界でビジネスを拡大しているパターンだ。業界外の目でみることで、業界の常識にとらわれない事業コンセプトを実現しているといえよう。経験のないところは、園長経験者、指輪職人といった、事業運営に必要な技術やノウハウをもつ人を仲間に引き入れることでカバーし、事業の立ち上げをスムーズに行っていた。

　飲食業への進出に当たって料理人を雇用した株式会社エマリコくにたち（事例4）、リペア事業への進出に当たって服飾職人を雇用したホープインターナショナルワークス株式会社（事例7）など、未経験の事業への多角化の際に、新たに専門家を社員に加えているケースもみられた。また、医療法人社団一心会（事例1）のよ

うに、人事や経理の分野で豊富な経験をもつ人を経営陣に招き、チームを構築することで経営者をサポートしていくことも、成長の過程では重要だろう。

次に、事業拡大のなかで差別化を実現するために、オペレーションの改善を進めている企業も多い。アーツアンドクラフツ株式会社（事例6）は、もともと職人が1人で行っていたオーダーメード指輪製造を、指輪サンプルを活用することで、社内での分業、さらには外注先の活用と、大きく変化させている。それによって、品質を落とさず、手頃な価格を実現することができた。合同会社沖正（事例3）では、異なる形態の店舗を近い距離に出店することで、食材の効率的な活用を図るとともに、従業員を柔軟に融通できる態勢を確立している。医療法人社団一心会（事例1）や株式会社まことサービス（事例9）のように、積極的なIT化の推進によって効率化と差別化を進めている企業もみられた。

企業の成長に人は欠かせない。第1章でも課題としている企業が多かった人材の確保・育成には、各社とも非常に力を入れている。医療法人社団一心会（事例1）では、充実した研修体制により、経営コンセプトを理解した、多数の歯科医師とスタッフを育成している。ホープインターナショナルワークス株式会社（事例7）や株式会社Lady（事例8）のように、将来の新たな事業の展開を見越して、スタッフを事前に多めに採用して計画的に育成している企業も多かった。

また、社会福祉法人すくすくどろんこの会（事例2）や株式会社Lady（事例8）など、多くのケースで比較的近い場所で事業所を集中して展開している。こうした戦略によって、新たな事業所を開

く場合に、既存事業所で育成した管理職やスタッフを送り込むことが容易となり、スムーズな立ち上げにつながっているようだ。通常の業務でも、事業所間でのスタッフのやりくりが可能になっている。

　一方、株式会社サブリメイション（事例5）では、あえて本社とは遠い場所にも拠点を設けている。地方の専門学校とのコラボレーションにより、短期間で戦力化可能な人材を集めるためだ。

　そのほか、各社とも経営者自身が、取引先、地方自治体、金融機関などとの情報交換を密接に行っていることもわかった。株式会社エマリコくにたち（事例4）は金融機関からの情報収集が事業分野の拡大に直接結びついた。株式会社西松フーズ（事例10）は、金融機関を通じて新工場の確保に成功している。商工会・商工会議所などのセミナーに、経営者だけではなく、店長や店長候補が参加して、マネジメント能力の向上を図っている合同会社沖正（事例3）のように、外部セミナーの活用による情報収集も頻繁に行われている。

　なお、ケーススタディのなかには、株式会社西松フーズ（事例10）のように他社の工場を従業員とともに引き継いで開業したり、社会福祉法人すくすくどろんこの会（事例2）のように事業拡大に当たってほかの園を譲り受けたりといった場合もあった。そうしたケースでは、たんにそのまま引き継ぐのではなく、製品・サービスのコンセプトを変更したり、設備の更新や増強、オペレーションの改善で効率化を図ったりすることで、引き継ぎ前よりも高い競争力を生み出していることが確認できた。

　このように、本節で紹介したさまざまな取り組みが、差別化を可能にする体制づくりにつながり、各社の成長を支えているといえるのではないだろうか。

（4）共通するチャレンジ精神と熱意

　一連のケーススタディを通して、アンケートでは明確に観察できなかった急成長企業の成長の軌跡を、詳細に示すことができたのではないかと思う。それぞれの経営者に対するヒアリングを振り返って、つくづく感じたのは、新たなビジネスに果敢に挑戦するチャレンジ精神と熱意をもっていることだった。そのうえで、しっかりとした経営コンセプトを打ち出し、事業拡大を計画的に進めている。それとともに、経営者の考え方に共感をもった社員が一丸となって、事業運営を支えている。これは、第３章で紹介する第10回記念日本公庫シンポジウムのパネルディスカッションにご登壇いただいた経営者と、彼らが経営する企業にも共通する。

　新規開業企業のうち、短期間で成長する企業はごくわずかであるが、その社会的、経済的な役割は大きい。ケーススタディで紹介した各社が今後さらに成長することで、地域の経済・社会を支えるとともに、日本経済にも貢献していくことに期待したい。

（深沼　光）

第3章

企業の成長メカニズム
～日本公庫シンポジウムパネルディスカッションより～

　本章は2018年11月28日に日本政策金融公庫総合研究所が東京で開催した、第10回記念日本公庫シンポジウム「新規開業企業の成長メカニズム～日本公庫がみてきた急成長企業の軌跡～」の第3部パネルディスカッション「企業の成長メカニズム」の抄録である。

【パネリスト】

梶本 雄介（かじもと ゆうすけ）

株式会社アルファポリス　代表取締役社長

　1993年東京大学工学部卒業、株式会社博報堂に入社。世界電気通信総合展示会TELCOM99、ダービーフェスティバル、沖縄サミットなど、国内外のイベントの企画運営を担当。2000年に同社を退社し、同年8月、株式会社アルファポリスを設立して代表取締役社長に就任。2014年10月に東証マザーズ上場。

草野 隆史（くさの たかふみ）

株式会社ブレインパッド　代表取締役会長

　1997年慶應義塾大学大学院政策・メディア研究科（SFC）修士課程修了。サン・マイクロシステムズ株式会社を経て、インターネットプロバイダー関連企業の創業メンバーとして、事業企画を担当。2004年3月株式会社ブレインパッドを設立し、代表取締役社長に就任。2011年9月に東証マザーズ上場、2013年7月に東証一部に市場変更。2015年9月代表取締役会長。

尾上　徹（おのえ とおる）

株式会社バリューデザイン　代表取締役社長

　1990年関西大学文学部卒業、株式会社JCB入社。世界初の携帯電話でのクレジット決済システムを企画、電子マネー事業の責任者を務める。2005年に同社を退社し、ITベンチャー企業に移籍。2006年7月、創業メンバーとして株式会社バリューデザインを設立し、取締役執行役員に就任。同年10月代表取締役社長。2016年9月に東証マザーズに上場。

【コーディネーター（司会）】

深沼　光（ふかぬま ひかる）

日本政策金融公庫総合研究所　研究主幹

1 上場を果たした急成長企業

（司会） 第3部では「企業の成長メカニズム」をテーマに議論を進めていきます[1]。パネリストは、2000年以降に創業した後に公庫融資をご利用いただき、上場を果たした急成長企業の経営者の皆さんにお願いしました。

最初に、各社の事業についてご紹介をいただきます。現在のビジネスの内容、マーケットにおける優位性、創業から現在にかけて事業を拡大してきた経緯についてご説明ください。

（梶本） 株式会社アルファポリスは、インターネット上で公開されている小説や漫画といったコンテンツを集め、そのなかの人気作を書籍として出版する事業を行っています。

当社のビジネスがなぜマーケットで優位性をもっているかというと、第1に、インターネット上でこんな小説や漫画が読みたいという潮流を見極め、人気のコンテンツをサイトでいち早く出版しているからです。これまでの出版市場にはなかったような傾向の作品を安定的かつ多点数書籍化していることが強みです。第2に、すでにネット上で人気になっているため、市場のモニタリングがすんでいる点です。リサーチがすんでいるので、作品のヒット率が非常に高

---

1 シンポジウムでは、第3部パネルディスカッションのほか、第1部基調講演「新規開業企業の成長に必要な7つのポイント」（シンクタンク・ソフィアバンク代表 藤沢久美）、第2部研究報告「成長パターンからみる新規開業企業の実態」（日本政策金融公庫総合研究所研究主幹 深沼光）が行われた。内容の詳細は、日本政策金融公庫総合研究所『第10回記念日本公庫シンポジウム報告書 新規開業企業の成長メカニズム 〜日本公庫がみてきた急成長企業の軌跡〜』（2019年3月）（https://www.jfc.go.jp/n/findings/symposium.html）を参照されたい。

いという特徴があります。

(草野) 株式会社ブレインパッドの事業は、ビッグデータの分析・活用サービスです。データを活用したいという企業に対して、総合的にあらゆる支援を行います。

　マーケットにおける優位性は、第1に、データ活用を支援した企業が延べ800社を超える実績があることです。第2に、データの分析をするデータサイエンティストが80人以上いることです。これだけの人数を正社員として抱える企業はそれほどないと思います。第3に、大量のデータを扱うためのインフラの構築、運用を実現できるエンジニアリング力です。データにまつわるノウハウと人材、エンジニアリングの技術があることが特徴です。

(尾上) 株式会社バリューデザインは、そのチェーン店だけで使えるハウスプリペイドカードの発行を行っています。カードに入金した金額、カードで支払いした金額の一部を手数料としていただいています。

　当社のサービスが採用いただける理由は、まず顧客の囲い込みが

できるからです。さらに、現金が先に入ってくるので、キャッシュフローも良くなります。当初は認知度が低く、伸び悩んでいた時期もありましたが、店舗数の少ない小さな企業にも営業し、顧客として獲得していきました。すると、マーケットが大きくなるにつれて大企業も取引先として増え、国内でシェアナンバーワンとなれたのです。現在世界7カ国でビジネスを展開し、海外事業もうまく回り始めています。

2　新市場の発見から成長へ

（司会） 3社とも、これまで存在しなかったマーケットで、ユニークかつ新しい製品やサービスを提供しています。こうしたビジネスモデルを市場に受け入れてもらうには、非常に苦労も多かったのではないでしょうか。

そこで、そもそも新しい市場をどのように発見したのか、新しい市場で顧客に対し製品やサービスをどのように認知させたのか、さらに成長を始めるきっかけになったのは何だったのか。この3点について教えてください。

（梶本） インターネットの普及により、誰でも自由に小説や漫画をネットで発表できるようになりました。なかには、プロと遜色のない内容を書き、ファンが付いている方もいました。すでに人気があるのだから、市場とリンクしているはずです。これは新しいビジネスとして成り立つと考えたことが、この事業を始めたきっかけです。

わたしは1人で起業したので、独学でプログラムをつくってサイトを開設し、編集も自分で行い、書店に売り込みに行きました。地

道に販路を広げるうちにヒット作が生まれ、知名度が上がっていきました。そこから裾野が広がり、良い作品が集まってくるようになりました。

　成長を始めるきっかけは、人だったと実感しています。あるロマンス小説の作家から、ネットで人気のある作品を当社で出版したいとの話が寄せられました。当時、社内の編集者３人で話し合ったのですが、難しいだろうと断りました。そうしたら、他社から出版されたその作品が大ヒットしたのです。ロマンス小説ならではの目利き感覚がある人を入れないといけないと危機感をもちました。そこで、ハローワーク経由である女性を採用しました。彼女にネットで人気のあるロマンス小説をまとめるようにお願いしたところ、１日でリストが出てきました。それらを恐る恐る出版したら、出す本、出す本ヒットしたのです。そこから当社の成長が始まりました。彼女は現在、取締役３人のうちの１人で、編集のトップです。

（草野） これから伸びるのは確実、それでいてまだマーケットになっていないものは何だろうと悩むなか、今の事業を起こす前に友人と創業した会社で行っていたプロバイダー事業での経験が生きました。当時は、ナローバンドからブロードバンドに移行しつつある時代でした。サーバーやサービスを提供している企業には、ものすごいアクセスがあり、データがサーバー側にたまります。データを活用して生産性を上げようという活動の需要は必ず高まることがみえたのです。マーケットが立ち上がるという確信はあったので、そこに特化した事業をやろうと、2004年に創業しました。サービスの認知は、比較的スムーズに進みました。データ分析を行うと、今までわからなかったことが明らかになります。適切な価値を提供で

株式会社アルファポリス 梶本雄介社長

きる顧客を見つけて説明できれば、導入されない理由はないのです。きちんと効果を出して顧客にリターンがあれば、リピートオーダーが取れます。実際、サービスを供給する従業員の数が増えるにつれ、売上高も伸びていきました。

　成長のきっかけは、人を積極採用して教育したことです。似たような仕事をしている企業がほかにないので、受託した仕事は自分たちでやり切らなければいけません。即戦力を採用しようとしても、やったことがある人はいません。未経験者を採用して教育し、組織の形をある程度整えてからでないと仕事を引き受けられない状況でした。そこでベンチャーキャピタルから資金提供を受け、人を大量に採用して教育しました。最初に育った人たちが次の人たちを教育しながら、組織を大きくしていくというサイクルを回せるようになりました。

(尾上) 創業する以前、わたしはクレジットカード会社に勤めていまして、ICカードを使った決済システムを普及させるのに苦労し

株式会社ブレインパッド 草野隆史会長

ていました。悩んでいたとき、あるイベントでカードが落ちているのを見つけました。クレジットカードと思いきや、それは磁気のネットワークを使ったプリペイドカードでした。このとき、クレジットカードではなく、事前に入金されたプリペイドカードを使ったビジネスに興味が湧いたのです。そこで、米国のプリペイドカードビジネスを調べたところ、すでに急成長していました。日本は磁気カードではなく、ICカードなど非接触の方向に流れていたため、自分でやるしかないと思ったのです。

　はじめは、贈答用のギフトカードとして販売をスタートしました。ところが、店側がシステムを導入しても、カードは売れないという状況が起きていたのです。毎月キャッシュが減っていくなか、思い切ってギフト用ではなく自己利用向けにターゲットを変えてみました。すると、顧客の囲い込みをしたい店舗が出始め、そこから利用が増えていきました。

　成長力を強めるという点では、当初の株主の力が大きかったで

株式会社バリューデザイン 尾上徹社長

す。大手の商社や印刷会社に出資をいただいたことで信用がつき、クライアントを獲得できたのです。

(司会) 成長の軌跡は三社三様ですが、共通点がいくつかあったと思います。まず、現状のシステムやマーケットに疑問をもちビジネスを考えていたこと、ビジネスにするためにあらゆる方法で情報収集を行ったことです。マーケットに展開するうえで地道な努力をされているのと同時に、最初のビジネスモデルにこだわらなかったことも共通点に挙げられるでしょう。

3　成長していくための人材確保

(司会) 次は、成長を支える人材に関して少し掘り下げていきます。最初は経営者プラス何人かで会社を始めますが、企業が大きくなってくると経営者をサポートする幹部人材が必要になってきます。現在の経営陣やコアとなるメンバーはどのように集めてきたのでしょうか。

日本政策金融公庫総合研究所 深沼光研究主幹

(草野) 現在、常勤の社内取締役が5人います。事業展開には、大量のデータを所持している大企業にコネクションがあり、説得できる人が欠かせません。そのため、創業メンバー5人のうち3人は法人営業ができる人材、残りの2人はエンジニアでした。エンジニア2人は退職して、現在は残りの3人と最高財務責任者（CFO）を任せている弁護士資格をもつ者、データ分析事業を統括する者が役員になっています。当時は法務などにやや弱い部分もあったので、東証一部に上場したころに弁護士資格をもつCFOに来てもらい、足りない機能を補充しながら体制を強化しました。それから、データ分析がわかる人間が役員にいなかったため、分析事業を束ね、うまく仕組み化できた社員を役員に抜擢しました。もともと役員待遇で入社したわけではないのですが、部長になり、本部長になり、取締役になりました。

(尾上) 当社は、創業時3人でスタートしました。クレジットカード会社出身者のノウハウが活きると考え、前職時代の同僚を引っ

張ってきました。現在残っているわたしと常務の2人を含め、取締役の数は今5人です。海外事業はわたしともう1人、システム担当が1人、経営企画が1人、管理部門が1人という体制で進めています。

（梶本） 創業した2000年の段階では、わたしと妻と親族の3人が取締役になりました。上場の段階に入った際、投資家からの見え方があまり良くないと考え、妻には役員から外れてもらい、総務部長をしてもらうことにしました。そして、先ほどの女性編集長を役員に引き上げました。さらに主幹事証券会社から、社内をみる管理本部長の存在が重要だと言われたため、上場の約2年前に募集をかけ、今の本部長を採用しました。現在の役員はわたしを含めて3人です。

（司会） 各社とも創業当初にメンバーを厳選していたことがよくわかりました。もちろん、現在の経営陣も厳選されています。企業が成長するなかで既存の経営陣に不足する部分を、内部登用やスカウトによってうまく補っているようです。こうしたチームの構築によって、経営者が会社の経営全体を見ることに集中できるようになり、企業のさらなる成長を促しているのではないでしょうか。

　次に、経営陣以外の人材についてうかがいます。戦力となる従業員や中間管理職を採用、育成するうえで、各社どのように対応したのでしょうか。

（尾上） 中間管理職層の採用は、現在最も苦労しているところです。最近管理部門に役員クラスを採用したことによって、会社の雰囲気が変わってきました。上場してから離職率が上がってしまっていたのですが、部門をまとめていく能力が非常に高く、離職がピタリと止まりました。また、海外での人材確保についていうと、日本の大手企業のネットワークを借りて、現地のスタッフを採用しています。

(梶本) 屋台骨となって実質的に会社を動かしているのは各部門の部長です。部長には二つのタイプがいます。一つは、社員として入社して部長になった人です。長い目で見ながら管理職の道に進めるようにサポートしました。もう一つは、すでに実力のある人を部長として採用したケースです。しかし、尾上社長と同じように、人材育成には苦労しています。課題は、部長の下の課長がなかなか育たないことです。

(草野) 当社も人材育成に苦労しており、今も葛藤を続けています。上場したとき、従業員は約80人でした。その後、年40パーセントの成長を目標にしたため、一気に100人を超えました。しかし、当時はフラットな組織を志向し、中間管理職をあまりつくらなかったため、まとめ役になる人材が不足していきました。さらに、ちょうどビッグデータブームのはしりの時期だったため、従業員が一斉に引き抜きの対象になったのです。また、当社は三つの事業を行っており、各事業それぞれで必要な人材が別です。評価の着眼点がそれぞれ違うのに、同じ人事制度で評価しなければいけないところも、

最初はうまく対応できませんでした。東証一部に上場したころから、こうしたことが同時多発的に起こりました。それでも、まとめ役に回ってくれた人間や、成果を出した人間を引き上げたことで、現在の組織があります。企業規模が大きくなるにつれて必要な人材もどんどん変わっていくなか、役員、管理職、社員が上手に役割分担していくことが、重要だと思います。

（司会）ありがとうございます。最初のうちは社長や会社の方針が十分に伝わり、従業員側もよく理解していると思います。しかし、会社の規模が大きくなるにつれ、どうしても手薄な部分が出てきてしまいます。そこをどのように中間管理職が補っていくのかという点は、各社に共通する課題のようです。

4　経営上の課題と今後の事業展開

（司会）さて、ここまでいろいろな課題をうかがってきましたが、現在の最も大きな経営課題は何でしょうか。そして、それをどのように解決していこうとお考えでしょうか。今後の事業展開も踏まえてご説明ください。

　また、急成長の鍵は、ずばり何だったのでしょうか。成長を目指す中小企業の経営者や社員の方々に対するメッセージも込めてお話しください。

（梶本）上場後、新卒採用を始めましたが、驚くほど優秀な人が数多く入社しています。その新卒者と部長との間、いわゆる課長クラスのロールモデルとなる人材を育成すること、または採用することが最も大きな課題です。

次に、急成長の鍵についてです。最も大きかったことは、インターネットを使ってヒット作を出していくという大きな流れで勝負をしていこうと決めたことです。これから上昇していく流れにポジショニングできたことが、成長した一番の理由ではないかと思います。

　経営者の方々へのメッセージですが、第２部の研究報告で「創業者は協調性がない」という面白いデータが出ていました[2]。まさにそれが特徴だと思うのです。わたしも、人並み以下の部分もあれば、日本有数の才能ではないかとうぬぼれるような部分もあります。自分の得意なことや自分にはこれが向いているというものを信じて実践するほうが成功すると考えています。バッティングフォームを変えずに成功したイチロー選手ではないですが、自分のやり方を貫いたほうが成功すると思います。

　出版界はこの１、２年でいよいよ変革が始まっています。電子書籍が急速に拡大しているなか、それに素早く対応しなければなりません。今後は、サイトやアプリでコンテンツの直販を広げていこうと思います。

（草野）まずは、人材をどう集めるかということです。仕事はあるので、とにかく人さえいれば売り上げは伸びる状況にあります。15年前に当社を立ち上げたときに発信したのは「データをもっと使わなければだめだ」というメッセージでした。創業当時は、データ分析で稼ぎたいという人が働く場として数少ない選択肢の１社だったので、人が来てくれたのです。ところが今では、データを活用する仕事は日本中、世界中にいくらでもあります。ですから、人

2　シンポジウム第２部の研究報告では本書第１章の図－６と同じデータを紹介している。

を集めるという点では、ビジョンのバージョンアップが重要だと思っています。わたしたちの存在意義を再定義し、そこに共感する人が集まりやすくすること、社内の人間がモチベーションを上げてもらえる環境をつくっていくことを考えています。米国では企業がITによってビジネスそのものを発展させようとしているのに対し、日本では業務のオペレーションの改善のためだけにITを利用しています。米国のような企業を増やすお手伝いをすることが、大きな方向性になると考えています。

　これから成長を目指す経営者へのメッセージですが、自分で意義を感じ、かつできるだけ大きな課題、しかも自分しかやっていないことに取り組むのが重要です。競争が少なくて、意義が大きければ仲間を集めやすいし、顧客を口説くこともできます。最終的には大きなマーケットになり、成長できると思います。

(尾上) まず国内では政府がキャッシュレス化に関するビジョンを発表し、受注案件が増えています。人材の採用や育成をしっかりしておかないと、来るキャッシュレス化の波をキャッチできなくなり

ます。早急な対策を考えています。もう一つ、アジアでは今後もマーケットが大きくなるとみています。社員のグローバル化を図っていく必要があります。

　皆さんへの言葉ですが、協力してもらった方に感謝をしっかりと伝えないといけないと思います。当社がスタートしたとき、何もないなかで、出資をしてくれたり、人を採用してくれたり、弁護士を紹介してくれたりと、あらゆる人が協力してくれました。また、当社は3年目、4年目が苦しく、現在のハウスプリペイドカード以外の事業もやろうかと考えたことがありましたが、この領域で圧倒的シェアを取ろうと、手を広げませんでした。事業を一つに絞り、徹底的に掘り下げていったことが、成功につながりました。

（司会） ありがとうございました。皆さん、それぞれ経営課題があるなか、次のステップに向けて非常に熱心に情報収集をされていること、周到な戦略を立てていることがうかがえたのではないかと思います。

5　急成長のポイント

（司会） これまでの議論をまとめます。こうすれば必ず成長するという答えは、おそらくないのではないかと思います。しかし、各パネリストのお話から共通する急成長のポイントを考えてみました。

　まず第1に、成長性のある市場の発見です。加えて、顧客への到達まで意識したビジネスモデルをきちんと構築することです。これにより、業界トップ、あるいはほかに類をみない企業に成長しているのだと思います。さらに、創業当初のビジネスモデルから徐々に

変化しているということです。マーケットの状況に合わせてビジネスモデルを柔軟に修正すること、あるいは新しいビジネスを追加していくことが、成長の鍵の一つではないかと感じました。

　第2に、人材です。成長に合わせた経営チームを構築し、人材を育成する。スカウトや内部登用など手法はさまざまでしたが、従業員の方を信頼していることが共通しているように感じました。従業員、経営陣が会社全体で経営者を支え、一丸となって成長していることがうかがえました。

　第3に、さまざまなサポーターの存在です。取引先、出資者、ベンチャーキャピタルなど、かかわった方々から多くのサポートを受けていました。サポーターに感謝し、真摯に支援を受けていること、これも急成長の一つのポイントとして挙げられるのではないかと思います。

　最後に、経営者の皆さんは非常に熱いですね。事業への情熱をひしひしと感じます。現状に満足せず、常に次のステップを考えていくという、探究心、チャレンジ精神こそが、急成長の鍵になったのだと思います。

　本日は、急成長企業の経営者のお三方に、成長の過程におけるリアルな経営の実態を教えていただきました。これにて、パネルディスカッションを終了いたします。どうもありがとうございました。

（構成：深沼　光）

【参考資料】各社の概要

各社の資料は、パネルディスカッションの際にご用意いただいたスライドから抜粋した。内容は、2018年11月28日時点のものである。

【株式会社 アルファポリス】

会社概要

会 社 名	株式会社アルファポリス
代 表 者	梶本 雄介
所 在 地	東京都渋谷区恵比寿四丁目20号3番 恵比寿ガーデンプレイスタワー5F
設 立	2000年8月
上場年月日	2014年10月
資 本 金	863,824千円
従業員数	80名（内、役員7名）
事業内容	インターネットのサイト運営、書籍の出版

Copyright © 2018 AlphaPolis Co.,Ltd. All Rights Reserved.

沿革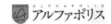

2000年8月
株式会社アルファポリスを設立

2002年1月
「Separation」（市川拓司 著）刊行
- 日本テレビ系列で連続**テレビドラマ化**(2003年7月)
- 発行部数**12万部**

2005年10月
「レイン」（吉野 匠 著）刊行
- シリーズ発行部数累計**131万部**

2007年7月
「虹色ほたる」（川口雅幸 著）刊行
- 東映アニメーションにより**映画化**（2012年5月）
- シリーズ発行部数累計**40万部**

2007年11月
「THE QUIZ」（楡本孝思 著）刊行
- 日本テレビにて**テレビドラマ化**(2012年9月)
- シリーズ発行部数累計7万部

2010年4月
「ゲート」（柳内たくみ 著）刊行
- TOKYO MXにて**テレビアニメ化**（2015年7月）
- シリーズ発行部数累計**445万部**

2014年5月
「居酒屋ぼったくり」（秋川滝美 著）刊行
- BS12トゥエルビにて**テレビドラマ化**（2018年4月）
- シリーズ発行部数累計**83万部**

Copyright © 2018 AlphaPolis Co.,Ltd. All Rights Reserved.

第3章 企業の成長メカニズム 201

【株式会社 ブレインパッド】

会社概要

商号	株式会社ブレインパッド（英文 BrainPad Inc.）
所在地	東京都港区白金台3-2-10 白金台ビル
電話番号	03-6721-7001（代表）
設立	2004年3月18日
上場市場	東京証券取引所 市場第一部（証券コード：3655）
資本金	332百万円（2018年6月30日現在）
従業員数	263名（連結、2018年6月30日現在）
役員	代表取締役会長　草野 隆史 代表取締役社長　佐藤 清之輔 取締役　安田 誠 取締役　石川 耕 取締役　塩澤 洋一郎 社外取締役　佐野 哲哉 常勤社外監査役　鈴木 晴夫 監査役　加藤 啓一 社外監査役　山口 勝之

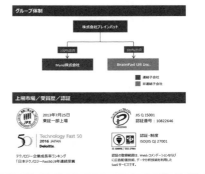

沿革

2004年3月	株式会社ブレインパッドを設立（東京都品川区西五反田）
2004年7月	データマイニング業務の受託サービスの提供開始
2006年5月	本社を移転（東京都品川区東五反田）
2006年9月	レコメンドエンジン搭載プライベートDMP「Rtoaster」を提供開始
2010年2月	運用型広告最適化ツール「L2Mixer」を提供開始
2011年9月	東京証券取引所マザーズに上場
2012年9月	株式会社ブレインパッドビジネスオペレーションズを設立
2013年7月	東京証券取引所市場第一部に市場変更
2013年8月	企業および個人向け研修プログラム「ブレインパッド 教育講座」（現・データ活用人材育成サービス）を提供開始 本社を移転（東京都港区白金台）
2013年9月	米国・カリフォルニア州にBrainPad US Inc.を設立
2015年3月	Mynd株式会社を連結子会社化
2015年7月	データマネジメントツール「DeltaCube」を提供開始
2015年10月	自然言語処理エンジン「Mynd plus」を提供開始

【株式会社 バリューデザイン】

会社概要

会社名	株式会社バリューデザイン
設立	2006年7月26日
資本金	702,914千円（2018年6月末）
上場取引所	東京証券取引所 マザーズ市場（コード：3960）
代表	代表取締役社長 尾上 徹
所在地	東京都中央区日本橋茅場町2-7-1 CCICビル5階
連結従業員数	64名（2018年6月末）
事業内容	サーバ管理型電子マネー（プリペイドカード）の導入による、企業のブランディング・プロモーション支援事業
連結子会社	佰鴴（Shanghai）信息技術有限公司（中国） VALUEDESIGN SINGAPORE PTE. LTD.（シンガポール） VALUEDESIGN（THAILAND）CO.,LTD.（タイ） VALUEDESIGN（MALAYSIA）SDN.BHD.（マレーシア） ValuAccess Service Pvt Limited（インド）

これまでの歩み

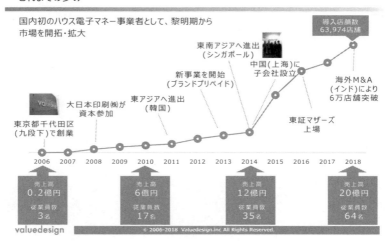

（注）現所在地：東京都中央区八丁堀3-3-5 住友不動産八丁堀ビル6F（2018年12月移転）

急成長のメカニズム
―新規開業企業に学ぶ―

2019年7月12日　発行（禁無断転載）

編　者　Ⓒ日本政策金融公庫
　　　　　総合研究所
発行者　脇　坂　康　弘

発行所　株式会社 同友館
〒113-0033 東京都文京区本郷3-38-1
本郷信徳ビル 3F
電話　03(3813)3966
FAX　03(3818)2774
https://www.doyukan.co.jp/
ISBN 978-4-496-05424-2

落丁・乱丁本はお取替えいたします。